LES HOMMES ONT MAUDIT,
L'Eternel A Beni

LES HOMMES ONT MAUDIT,
L'Eternel A Beni

-Témoignage-

THIERRY PITSHOU BWAKA

To order additional copies of this book, contact:
Xlibris LLC
0-800-056-3182
www.xlibrispublishing.co.uk
Orders@xlibrispublishing.co.uk
521958

SOMMAIRE

I.

AVANT-PROPOS

Un jour, je suis allé rendre visite à un frère de notre Église qui était hospitalisé à l'Hôpital Royal de Liverpool. J'étais accompagné d'un autre frère de notre Église. Arrivé à l'hôpital, le frère malade nous reçut, tout en restant allongé sur son lit et ayant ses deux mains croisées sous son oreiller. Je pris alors la parole et commençai à l'exhorter avant de prier. Pendant que je parlais, l'Esprit de Dieu me convint de partager avec lui l'un de mes témoignages. Je ne savais pas pourquoi, mais j'obéis. Je commençais à lui raconter comment moi aussi un jour j'étais hospitalisé comme lui et les médecins fatigués de mon cas, ne savaient plus quoi faire et m'ont abandonné à mon propre sort. Mais, le Seigneur m'a fait grâce et m'a guéri miraculeusement sans que je ne prenne un seul médicament. Je poursuivais mon exhortation en lui rassurant que ça pouvait être aussi son cas, mais à condition qu'il sache et croie que Jésus est le même hier, aujourd'hui et éternellement. Ce que jésus avait fait pour moi, il pouvait le faire aussi avec lui, et je continuais mon exhortation.

Mais alors, ce que j'ignorais, c'est qu'au moment où je parlais, quelque chose se passait dans la vie de ce frère: avant que nous arrivions dans sa chambre, ce frère avait pris la résolution de se suicider et il avait déjà dans ses mains plusieurs sortes de capsules et comprimés, et son verre d'eau pour en finir avec sa vie. Mais dès que nous nous dirigeâmes vers sa chambre, il nous avait aperçu et avait interrompu son geste. Ce qui explique sa position allongée avec ses deux mains croisées sous son oreiller. Il cachait donc ces médicaments avec lesquels il allait se suicider. Et quand je parlais, il se posait des questions pour savoir pourquoi je lui racontais ma vie et tout ce récit? Il se demandait si Dieu m'avait-il révélé comment il était fatigué de sa vie et comment il était sur le point d'en finir ? Après mon exhortation, nous avions prié ensemble et tout ce que nous pouvions voir, c'était quelques gouttes de larmes dans les yeux de ce frère. Nous étions partis le laissant dans la paix du Seigneur. Quelques semaines plus tard, il fut sorti de l'hôpital et un dimanche après, le frère entra dans l'Église et passa devant pour témoigner ce que le Seigneur avait fait pour lui.

Nous nous attendions à écouter son témoignage sur sa guérison, mais toute l'Église fut surprise, certaines personnes explosant en larmes et d'autres louant le Seigneur quand le frère commença à louer Dieu pour l'avoir non seulement guéri mais aussi délivré du suicide par le canal de ses deux anges (faisant allusion à l'autre frère et à moi). C'est là qu'il m'annonça en plein culte, rendant gloire à Dieu, comment il voulait se suicider, comment il cachait les médicaments sous son oreiller, comment il se questionnait sur le but de mon témoignage et comment après notre départ il était allé jeter tous ces médicaments dans la toilette. Ah! Quelle belle histoire! Gloire soit rendue à Jésus!

Depuis la chute de l'homme (Adam et Eve), l'homme est libre de faire ce qu'il veut avec sa vie. Cependant, chacun de nous est appelé à rendre compte un jour à celui qui nous a tous donné cette vie gratuitement; nous devons réaliser que chaque acte, chaque parole, chaque erreur que nous posons, a ses conséquences dans nos vies, dans celle de notre descendance jusqu'à la troisième et quatrième génération, voire même plus, dépendant de ce qui a été fait ou dit. Certaines maladies, certains problèmes, certaines situations que nous traversons aujourd'hui ne sont pas tous causés par ce que nous faisons aujourd'hui ou par nos péchés seulement. Dieu au travers de toute sa parole nous fait voir que certaines situations et maladies auxquelles nous faisons face aujourd'hui peuvent être les conséquences de la malédiction qui nous a été lancée soit par Dieu lui-même, soit à cause de nos parents, soit de nos partenaires que nous avons déçues, ou encore de nos leaders ou nos autorités, en bref toute personne qui s'est acquise une certaine autorité sur nous, ou encore toute personne à qui nous avons consciemment ou inconsciemment légué un certain pouvoir et autorité sur nous.

La malédiction est comme une marque qui est posée sur une personne et qui expose cette dernière aux démons et agents du diable qui la poursuivront jusqu'à accomplir le plan du diable, à savoir dérober, égorger et détruire (Jean 10:10). Un exemple concret est celui de la malédiction de Dieu sur Caïn après avoir tué son frère Abel. Dieu lui dit:

> «Maintenant tu seras maudit de la terre qui a ouvert sa bouche pour recevoir de ta main le sang de ton frère. Quand tu cultiveras le sol, il ne te donnera plus sa richesse. Tu seras errant et vagabond sur la terre». (Gén. 4:11).

Dieu a au fait proclamé, au travers de ces paroles prononcées, un mauvais sort qui est venu tombé sur Caïn comme un signe ou marque de reconnaissance devant le monde visible et invisible, devant la terre et le ciel, devant les démons et les anges. Caïn, ayant réalisé la signification de son sort et sachant que la parole de Dieu est un ordre pour tous et doit être respectée par tout le monde, comprend que Dieu le livrait à la mort comme lui-aussi a livré son propre frère à la mort (Gen, 9:6). Une mort qui lui arriverait de n'importe qui, à n'importe quel moment et de n'importe quelle façon. Ce qui sous-entend que sa vie était exposée, elle était sans protection. Il s'exclama alors en désolation:

> *«Mon châtiment est trop grand pour être supporté. Voici tu me chasses aujourd'hui de cette terre; je serai caché loin de ta face, je serai errant et vagabond sur la terre, et quiconque me trouvera me tuera» (Gen 4:13-14).*

Le Dieu qui écoute la prière exauça la requête de Caïn et lui épargna de la mort en mettant un nouveau signe, toujours au travers des paroles prononcées, un signe qui lui servirait de marque de protection afin que personne ne le tue dans son vagabondage et errance. Ceci nous emmène à comprendre que la malédiction nous expose à la destruction et à la mort. Elle attire au fait le destructeur qui est le diable et ses agents pour venir dérober, égorger et détruire la vie d'un homme. Parmi ses conséquences, nous citons la maladie dans toutes ses formes, la stérilité dans toutes ses formes, la pauvreté dans toutes ses formes et la mort dans toutes ses formes telles que énumérées dans le livre de Deutéronome au chapitre 28 et ailleurs.

Il est cependant important de comprendre que malgré le degré de la malédiction ou ses conséquences qui pèsent sur une personne, seul Dieu peut nous épargner de ce mauvais sort. En d'autres termes, c'est Dieu seul qui peut permettre ou enlever la malédiction dans la vie d'un homme car il est le seul créateur de l'humanité. La terre et ce qu'elle renferme est à Lui et le monde et ceux qui l'habitent sont à Lui (Ps 24:1). Et quand l'homme a péché, il a ouvert la porte à l'ennemi et a attiré la malédiction sur toute l'humanité. L'homme s'est au fait séparé de la communion et de la gloire de Dieu. Personne ne pouvait plus bénéficier de la bénédiction de Dieu à cause du péché. Mais gloire soit rendu à Jésus Christ qui est venu mourir à la place de l'homme afin que ce dernier en croyant en Jésus

Christ ne périsse point mais qu'il ait la vie éternelle (Rom 3:23), car Jésus a au fait effacé l'acte dont les ordonnances nous condamnaient et nous avons maintenant la possibilité de rentrer en communion avec Dieu par Son Esprit lorsque nous l'acceptons sincèrement comme notre Seigneur et Sauveur personnel, Alléluia!(Jean 1:12-13).

Je prie au nom de Jésus Christ que le Seigneur ouvre les yeux de toute personne qui lira ce livre afin qu'elle voie et reconnaisse l'amour et la miséricorde de Dieu envers nous son peuple, malgré nos péchés, car Dieu nous aime réellement et il veut nous épargner de la destruction, au travers du pardon des péchés que nous recevons en Jésus Christ notre Seigneur et Sauveur (Jean 3:16).

II.

INTRODUCTION

En publiant ce livre sur mon témoignage, je rends d'abord grâce à mon Dieu qui m'a délivré de toutes sortes de condamnation, jougs et malédictions qui pesaient sur moi et aussi j'aimerai vous encourager en vous faisant voir que l'avenir n'est meilleur qu'en Jésus Christ. Ce sont des témoignages que j'ai personnellement vécu et qui ont changé ma perception sur les choses de Dieu et ont augmenté ma confiance au Seigneur car il est vivant et plus réel qu'on ne peut l'imaginer. J'espère vraiment que vous serez de même avis que moi après avoir lu ce résumé de mon témoignage et qu'à la fin vous allez dire comme moi: «Seul Jésus Christ sauve».

J'étais né dans une famille sacrifiée, encrée dans les coutumes et traditions. Ma mère était chrétienne, chantre et catéchiste à l'église catholique. Mon père était un hôtelier et possédait plusieurs fermes et autres biens matériels, mais il n'avait pas connu le Seigneur. Il est mort en 1986 et après sa mort, plusieurs événements d'ordre social et spirituel se sont passés. Mais durant les neuf ans que nous avons passé ensemble avec lui avant qu'il ne meure, je ne retiens que trois grandes choses:

1   J'étais l'enfant le plus aimé et le plus gâté de tous ses enfants (peut être parce que j'étais le cadet de la famille).

2 Quand sa maladie a commencé, il a posé un acte bizarre que personne n'a jamais compris. C'était environ seize heures de l'après midi, alors que j'étais en train de jouer avec mes amis, mon père vint, m'appela, me tint dans sa main et m'entraîna avec lui pour aller dormir.

Ce qui était surprenant, c'est qu'il avait l'air d'un fugitif, c'est comme s'il était poursuivi par quelqu'un et la façon qu'il m'entraînait avec lui, c'était comme quelqu'un qui protégeait son fils contre un danger qui venait. Personne, ni ma mère, ni mes soeurs qui étaient dehors en train de préparer, n'a jamais compris cet acte. Mais qui était au juste en danger? Est-ce moi ou lui-même? Seul Dieu connaît.

3 Vers les dernières minutes de sa vie avant qu'il ne meure, il demanda à ceux qui l'entouraient de m'appeler. Il était allongé sur son lit au salon de notre maison à Kikwit II dans la ville de Kikwit, province du Bandundu en République Démocratique du Congo. Dès que je vins auprès de lui, alors qu'il voulait me parler, il perdit la voix. Aucune parole ne put sortir de sa bouche, il devint comme muet. Tout ce qu'il pouvait faire, c'était me regarder sans rien dire. On pouvait voir les efforts qu'il fournissait pour me parler, mais c'était comme si quelqu'un l'empêchait de parler. Alors les vieilles personnes qui étaient présents m'éloignèrent de son lit pour ne pas assister à sa mort, et dès que je tournais mon dos, il rendu l'âme. Que s'est-il réellement passé? Que voulait-il me dire? Seul Dieu le sait. Mais je rends grâce à Dieu qui l'a permis ainsi car je crois que c'est pour mon bien car Dieu fait concourir toute chose pour le bien de ceux qui l'aiment. Alléluia!

Après la mort de mon père Victor, nos oncles paternels s'emparèrent de tous ses biens et nous maudirent parce que nous avions osé réclamer notre héritage que nous avait laissé notre père. La vie devint alors très difficile pour nous. Ma mère rejoignit le petit marché du quartier et ensemble nous travaillions en alternance en vendant la chikwangue, le pain, les arachides et autres choses, juste pour survivre.

Je me décidai également de rejoindre le groupe des enfants de coeur communément connu sous le nom des servants de messe, dans ma paroisse locale pour chercher la protection divine. Malheureusement, je tombais dans la religion et courus le risque d'être abusé sexuellement par mon responsable spirituel. Mais le bon Dieu m'en délivra. Durant ce temps où je me fiais à la religion, j'escaladai dans le péché au lieu de trouver la protection divine tant recherchée. Influencé par mes collègues servants, je commençais à pécher même dans la maison de Dieu. Finalement ma conscience me rapprocha et je me décidai de quitter l'église pour ne plus fréquenter aucune autre assemblée pendant plusieurs années.

Ayant été déçu par la religion, d'un côté, je me révoltai contre Dieu et allais chercher satisfaction et consolation dans le monde, loin de Dieu. Malheureusement le monde est le dernier endroit où un homme pense trouver la consolation et la satisfaction alors que la paix n'y est point. Loin de Dieu, la déchéance dans ma vie était si grave que le diable se saisit de moi et me transforma en un impudique tout fait, coureur des jupons, exploitant et manipulant des filles, orgueilleux et égoïste, etc. Mais de l'autre côté, gloire soit rendu à Dieu qui ne m'avait point abandonné malgré mon état d'âme. Il me soutenait dans mes études et ne permit point que l'ennemi m'empêcha de finir mes études. Par la grâce de Dieu, je m'accrochai à mes études malgré les temps difficiles et je grandissais en caractère, détermination et leadership. Ceci m'emmena à être élu délégué principal du collège Jésuite où j'étudiais. Et sous mon mandat de leadership, le collège ajouta à sa performance intellectuelle, plusieurs initiatives socioculturelles qui changèrent l'atmosphère dans le collège pour le meilleur.

Dès que je finissais mes études secondaires à Sadisana, un collège Jésuite de Kikwit dans le Bandundu en République Démocratique du Congo, je fus victime d'une attaque diabolique: une maladie mystérieuse qui me faisait maigrir du jour au jour. Hospitalisé à plusieurs reprises pour la même maladie, les médecins ne pouvaient plus rien pour moi car tous les résultats médicaux ne révélaient absolument rien. Finalement, les médecins se décidèrent de m'abandonner à mon propre sort c'est-à-dire à l'attente de ma mort. Mystérieusement, le Seigneur m'envoya un ange en la personne d'un ami, un prêtre Jésuite, qui demanda à ma famille de me déplacer de la ville de Kikwit où j'étais hospitalisé vers la capitale Kinshasa pour d'autres soins médicaux. Miraculeusement, le Seigneur me guérit par ce simple déplacement. Et à Kinshasa pendant ma première nuit, je fus encore poursuivi et mystérieusement attaqué par l'ennemi au travers d'un serpent. Je me réveillai le matin pour trouver juste devant ma chambre un serpent mort, la tête écrasée.

Deux années après, le diable changea de stratégie et m'approcha encore par le canal d'une femme possédée par l'esprit de sirène des eaux dans le but de me détruire et me rendre stérile. Gloire soit rendue à l'Éternel qui intervint de nouveau et me délivra de ce piège du diable. Après cette délivrance, le Seigneur me bénit et m'envoya en Europe sans que ma famille ne puisse y contribuer avec un seul sous.

Arrivé en Europe, je me rétrogradai et me relançai encore dans une vie de désordre, de débauche et d'égarement loin de Dieu où le diable réussit à nouveau à s'emparer de moi par le canal d'une fille occultiste qui cherchait à avoir un enfant avec moi. Miraculeusement, l'Éternel intervint encore et empêcha cette initiative démoniaque.

Je commençais à fréquenter les boites de nuit, à fumer du chanvre, et à trouver consolation dans des liqueurs fortes et autres convoitises de la chair.

Toute cette vie de désordre m'emmena doucement vers la mort de l'âme et je me retrouvai ainsi comme emprisonné et environné par les liens de la mort. Je l'ai réalisé suite à un accident de voiture que j'allai faire. Je me rappelle encore: à l'époque je roulais dans une Rover 800 et le Seigneur me révéla comment un cercueil était placé dans le coffre arrière de ma voiture. Quelques jours après cette vision, le Seigneur Jésus Christ m'apparut dans une autre vision pour me délivrer des liens de la mort et de la prison de l'esprit où j'étais enchaîné et cloué comme par terre, impuissant et vulnérable.

Cher lecteur, Jésus Christ est vivant et répond à nos prières.

Depuis lors, je ne me suis plus permis de retourner à ma vie passée car j'ai réalisé le danger que je courrais en vivant loin de mon Dieu créateur. Je me décidai enfin de m'accrocher au Seigneur en lui donnant ma vie et en l'acceptant sincèrement comme mon Seigneur et Sauveur personnel. Dieu m'a fait grâce, il a pardonné mes péchés et il m'envoie aujourd'hui dans le monde entier comme son serviteur pour délivrer et ouvrir les yeux de son peuple qui peut encore être dans les mêmes conditions que celles dans lesquelles je me trouvais il y a plus de dix ans passés.

Voilà comment Dieu est amour et patient envers son peuple. Le Seigneur ne veut pas la mort de ceux qui meurent mais il veut que les méchants, les impudiques, les meurtriers, les voleurs, les criminels, les homosexuels, les cupides, les orgueilleux et les malfaiteurs se convertissent et viennent à Jésus Christ afin d'avoir la vie et la vie en abondance.

> *«Celui qui a le Fils a la vie; celui qui n'a pas le Fils de Dieu n'a pas la vie» 1 Jean 5:12*

III.

ORPHELIN, MAUDIT ET ABANDONNE PAR SES ONCLES

En 1986, après la mort de mon père Victor, ma mère qui était une catéchiste à l'Église Catholique, me convint d'adhérer au groupe des enfants de coeur ou servants de messe pour servir Dieu et être ainsi à l'ombre de sa protection. Ainsi je me décidai de rejoindre ce groupe dans le but de m'accrocher à Dieu pour m'échapper aux malédictions et menaces de nos oncles paternels. Il faut avouer qu'en ce moment là ma famille et moi connûmes un grand changement social qui bouleversa notre existence. Mon père Victor était un grand homme d'affaires dans sa province natale. Malheureusement, après sa mort, ses frères, nos oncles paternels se jetèrent sur tous ses biens comme des loups qui se jettent sur leur proie, pour les confisquer.

On dirait qu'ils n'attendaient que sa mort. Ils commencèrent à nous terroriser et maltraiter, une pratique très connue en Afrique. Ils confisquèrent l'hôtel, quelques maisons par ci par là, et d'autres biens matériels qu'avait laissés notre père. Ils refusèrent de continuer de nous prendre en charge, pourtant ce sont eux qui avaient la gérance de l'hôtel qu'avait laissé notre père. Ils décidèrent de nous mener la vie dure: à notre mère et a ses enfants. Et quand mes frères aînés se levèrent pour réclamer nos droits, nos oncles paternels finirent par nous maudire, nous enfants de leur frère Victor. Je n'avais que 9 ans lorsque ses paroles de malédiction étaient prononcées sur nous. Tout ce que nous voulions et réclamions, c'était nos droits et l'héritage que nous avait laissé notre père Victor. Mais en retour, nous n'avons reçu que malédiction, injustice, et mépris. Que le coeur de l'homme est méchant et tortueux! Quelle injustice! Quelle méchanceté!

Je me rappelle encore comment l'un de mes oncles paternels, celui qui avait pris la gérance de l'hôtel de notre père, me faisait aller et revenir juste pour me donner des promesses qu'il paierait mes frais scolaires, promesse qu'il n'avait jamais tenue. J'allais passer des heures et des heures à l'attendre au bureau de la réception de l'hôtel de mon défunt père dont il avait pris la relève. Ce bureau était jadis comme le mien quand mon père était en vie car chaque jour après mon école, j'allais juste m'échanger à la maison pour après rejoindre mon père dans son bureau où nous passions les après midis ensemble: lui travaillant et moi jouant. Et une fois fatigué, mon père me ramenait à la maison et il repartait à nouveau à son bureau pour ne rentrer que le soir. C'était notre emploi du temps de tous les jours. Mais après sa mort, j'étais devenu comme un visiteur qui devait attendre devant son bureau avant d'être reçu pour présenter mon problème des frais scolaires qui ne serait jamais résolu. Quelle torture morale pour un enfant de neuf ans! Cela s'est répété pendant plusieurs jours. Alors ma mère a compris que nos oncles n'avaient absolument pas la moindre intention de nous aider, mais c'était plutôt pour eux un moyen de se moquer de nous. Ce fut ainsi que ma mère m'interdit d'aller les voir pour demander mes frais scolaires.

La vie devint trop dure pour nous. Ma mère se retrouva veuve, sans soutien et abandonnée avec sept enfants dont moi, le cadet. Quelle épreuve pour une femme d'un grand homme d'affaires, habituée à une vie aisée, de se retrouver subitement au bas de l'échelle où elle devait vendre la Chikwangue pour survivre!

Mais Dieu, le défenseur des veuves et le Père des orphelins, dans son amour ne nous abandonna point. Il vint à notre secours et ne permit point que cette veuve démunie et abandonnée, ainsi que ses sept orphelins ne maquent de quelque chose. L'Éternel nous fortifia et nous soutint dans ces temps d'épreuve. Ma mère décida d'aller apprendre à faire de la chikwangue, un aliment africain à base de manioc. Il faut dire que la vente de la chikwangue dans ma ville natale était réservée aux personnes vivant en dessous de la moyenne pour ne pas dire aux personnes pauvres. Ma mère apprit aussi à faire du pain et se fit construire un four traditionnel dans notre parcelle. Elle rejoignit le petit marché du quartier qui était devant un bar du coin appelé MIKAL à Kikwit 2, à cinq minutes de notre maison.

Ce bar était très actif de Dix Sept heure a Une heure du matin, moment de la fermeture et ma mère et moi travaillaient en alternance: Quand ma mère grillait les pains de Quinze heure à Dix Sept heure, moi je la précédais au marché avec le premier plateau des pains et la chikwangue. Quand elle finissait tous les travaux à la maison, elle venait me rejoindre au marché et je retournais à la maison pour manger et revoir mes notes des cours. Et c'est vers minuit ou Une heure du matin, l'heure de la fermeture du bar, que je la rejoignais encore pour que nous rentrions à la maison ensemble. C'est comme ça que nous travaillions chaque jour pour notre survie.

Néanmoins, les revenus de ces deux activités n'étaient toujours pas suffisants pour nos besoins à la maison. Ainsi, je me décidai un jour de voyager avec mes amis pour aller acheter des chèvres et venir revendre pour avoir un peu de bénéfice pour notre survie. Je faisais Quatre Vingt Dix km de marche pour n'acheter qu'une petite chèvre et venir la revendre. Je n'avais que Douze ans et c'était la première fois de ma vie de m'éloigner de ma famille. Je me rappelle comment ma mère pleurait et avait du mal à me permettre de faire ce voyage suicidaire. Gloire soit rendue à Dieu qui me protégea. C'est comme ça que j'ai survécu cette épreuve à côté de ma chère défunte mère qui s'est battue pour que je continue mes études. Mes frères et soeurs aînés ne pouvant plus, se décidèrent de faire recours à la justice. Ils combattaient contre nos oncles pour notre héritage tandis que ma mère et moi nous combattions pour notre survie. Dans ce processus de combat, je perdis l'un de mes grands frères Claude. Le découragement s'empara de mes autres frères et chacun poursuivit sa propre destinée. Certains se lancèrent dans les affaires et d'autres s'accrochèrent à leurs études malgré les temps durs. Je rends grâce à Dieu qui a permis que nous puissions finir nos études contrairement aux malédictions prononcées contre nous par nos oncles.

Quand je contemple l'amour de Dieu pour ma famille et moi pendant ce temps de détresse, je dois confirmer que Dieu est réellement le secours qui ne manque jamais au temps de la détresse. Son secours est éternel et assuré mais le secours des hommes est limité et temporaire, car au jour du malheur, les hommes nous ont tourné le dos et nous ont abandonné.

En effet, Dieu est la seule personne qui ne déçoit jamais parce qu'il nous aime d'un amour sincère, profond et désintéressé. Voila ce qui rend l'ennemi et ses attributs furieux. C'est cette révélation qui déclenche le combat dans nos vies et qui nous suscite des ennemis par ci par là: COMPRENDRE, APPRECIER ET ACCEPTER L'AMOUR DE DIEU POUR NOUS. Le monde ne nous haïra pas parce que nous sommes riche, beau ou belle, fort, intelligent, vedette mais le monde nous haïra parce que nous avons choisi la justice, la droiture à la place de la haine et du mal. Le monde nous maltraitera parce que nous avons Jésus Christ, la Parole (Jean 17:14). La plus grande raison qui poussera le monde, Satan et ses attributs à combattre une personne, c'est le choix que nous faisons de faire le bien, de se laisser aimer et chérir par Dieu, d'accepter et de suivre Jésus Christ.

Face à ces menaces, ma pauvre mère n'avait qu'un seul choix: celui de nous trouver refuge auprès de Dieu, car elle toute seule ne pouvait point nous protéger contre toutes ces menaces qui pesaient contre nous. Elle avait la foi que seul Dieu nous protégera contre nos oncles paternels et leurs menaces diaboliques,

> «*Celui qui demeure sous l'abri du Très- Haut repose à l'ombre du Tout-Puissant*». Ps 91:1

Je suis devenu enfant de coeur à l'âge de 11 ans selon le souhait de ma mère, car pour elle, le plus beau cadeau qu'elle pouvait donner à son enfant c'était avoir Jésus Christ comme refuge. C'était ça son souhait, c'était ça sa volonté, le sujet de sa prière. En me convaincant de servir Dieu, elle voulait me donner à Dieu comme Anne dans la Bible avait prêté Samuel à Dieu, elle voulait que son fils serve l'Éternel son Dieu, elle voulait élever son fils de onze ans dans la voie de Dieu. Ma mère voulait me voir grandir dans les voies du Seigneur et devenir un serviteur de Dieu. Et Dieu l'a exaucée car je fus enfin admis dans ce groupe d'enfants de coeur.

> *Quand il se lève dans nos vies des ennemis, des adversaires, des persécuteurs, des gens qui en veulent à nos vies, SACHONS CHERCHER REFUGE AUPRES DE JESUS CHRIST. Seulement il ne faut pas confondre Jésus Christ avec un système religieux ou une dénomination quelconque. Seul Jésus Christ sauve, seul lui guérit et protège, et il est vivant, il veut avoir une relation personnelle avec tout le monde, c'est ça le christianisme.*

IV.

RESCAPE DE L'ABUS SEXUEL A 11 ANS

Dès que je joignis le groupe des enfants de coeur, le responsable de ce groupe me pointa de regards et finit par m'approcher pour soit disant m'encadrer. Malheureusement, il avait des pensées impudiques à mon égard et voulait m'abuser. Il commença à me chérir en m'offrant toutes sortes de faveurs. En voici un exemple qui créa des divisions et de l'irritation dans le groupe: mon premier service à la messe de Pâque. La procédure normale était que tout enfant de coeur nouveau devait suivre une formation de six mois avant de commencer à servir, d'abord à la messe des jeunes les Samedis et ensuite à celle des Dimanches et d'autres grands événements tels que Pâque et Noël après avoir acquis de l'expérience. Mais quant à moi, je n'ai fait que deux semaines seulement dans le groupe, lorsque le responsable du groupe me programma à servir à la grande messe de Pâque et au service de Dimanche. Ce qui ne s'est jamais fait et qui est inimaginable. Ceci créa un grand tumulte et la jalousie de la part des anciens du groupe. C'était en effet un moyen de séduction: pratiquant l'homosexualité, la pédophilie et ayant des mauvaises intentions à mon égard, ce responsable voulait m'attirer davantage vers lui pour pouvoir atteindre son objectif facilement. C'est semblable à un pécheur qui attire un poisson dans l'eau avec son appât.

Ce qui en effet avait réussi car face à l'attitude hostile qu'avait affiché une bonne partie des enfants de coeur, anciens du groupe, je ne pouvais plus m'accrocher à n'importe qui dans le groupe si ce n'est qu'à ce responsable qui devint alors comme mon seul ami. C'était quelques semaines plus tard que la vérité triompha quand ce responsable, célibataire ou séparé, m'invita chez lui. Alors qu'il voulait abuser de moi, un visiteur arriva et tout le plan diabolique échoua. Gloire à l'Éternel, le Dieu de la délivrance. Mais combien d'enfants avant moi, avait-il déjà abusé dans cette église locale en sa qualité de responsable de ce groupe? Seul Dieu sait.

Après ces épreuves, je continuai à servir comme enfant de coeur tout en évitant tout contact de près avec mon fameux responsable. Et une autre épreuve surgit et m'affecta sérieusement. Pour chaque service, la liste des enfants de coeur au service était affichée une semaine à l'avance et à chaque fois que j'étais au programme, il y avait un groupe des jeunes filles qui venaient s'asseoir aux premiers rangs, juste devant l'autel, pour me séduire et je m'en étais aperçu rapidement. Seulement, je ne savais quoi faire. Je me décidai d'aller demander conseil auprès d'un de mes nouveaux collègues que j'essayais de côtoyer après mon responsable de ce groupe. Pour moi, il était inconcevable que de telles choses se passent dans une église, malheureusement, je devais y faire face. A ma grande surprise, mon collègue me dira qu'il n'y avait rien de grave ou de mauvais dans ça, au contraire il m'encouragea dans cette voie, me rassurant que c'est ce que faisait tout le monde dans ce groupe. J'avais du mal à digérer ce que j'entendais, mais mon collègue était sérieux dans ce qu'il disait.

Ne dit-on pas que «qui s'assemblent se ressemblent»? J'avais fini alors par tomber dans ce piège. Je commençai à m'intéresser aux jeunes filles dans l'église alors que je servais comme enfant de coeur. Ceci s'empira très rapidement lorsqu'un jour, deux jeunes filles, mes anciennes copines et chantres dans le groupe de Bilenge ya mwinda de notre paroisse se disputèrent à l'entrée principale de l'église alors que j'étais sur l'autel en train de servir pendant la première messe des parents. Le motif de leur dispute: moi. Elles ont découvert qu'elles étaient toutes deux mes copines et elles avaient du mal à digérer cela. Cet incident se passa devant tout le monde: les parents qui sortaient de la première messe ainsi que les jeunes qui attendaient la deuxième messe. Quelle honte! Je fus suspendu de mes fonctions pendant un temps par le vicaire de cette église.

Cependant, le pire eut lieu par ce même vicaire. Quelques semaines après ma suspension, ce même vicaire avait rendu grosse une fille du groupe de «Bilenge ya Mwinda» de cette même église. La nouvelle se répandit. Je fus tellement choqué et déçu car la réalité était différente de l'image que le monde avait de l'église. J'étais allé à l'église pour chercher la protection de mon Dieu puis le servir. Malheureusement, je réalisais que ma vie prenait une autre tournure. J'étais entré à l'Église pure, animé d'une bonne conscience et de la crainte de Dieu, mais ma vie prenait une autre direction.

Je commençais à pécher dans la maison même de Dieu, et cela était devenu comme un style de vie de la plupart de ceux qui soi-disant servaient le Seigneur. Les servants sortaient avec les Bilenge ya mwinda, les dirigeants de groupes avec ceux qu'ils encadraient sinon ils ne les laisseraient pas exercer le service (servir ou chanter dans des grandes occasions), les prêtres avec leurs fidèles jusqu'à les rendre grosse… Quelle prostitution! Quelles abominations dans la maison de Dieu! C'est à ce moment que ma conscience me reprocha et je me décidai de quitter cette église et de ne plus jamais fréquenter une autre. Je n'avais qu'environ 12 ans à l'époque.

Combien des églises de nos jours, même celles qui se disent «nées de nouveau» ou «les églises de réveil, animées par un esprit sectaire, se croyant être au dessus des autres» ne tolèrent-elles des telles abominations? Or ce qui différencie une église d'une autre, ce n'est pas le nom, mais plutôt ce qui se fait à l'intérieur de l'église, ce qu'ils croient et pratiquent. La nature humaine a la facilité de juger les autres qu'ils sont mauvais, idolâtre, mais très souvent on ne réalise pas qu'on peut soi-même se retrouver en train de pratiquer d'autres formes d'idolâtrie ou de débauche autre que l'adoration des statues. Que l'on pratique l'un comme l'autre, ne sont-ils pas tous idolâtres, débauchés ou abominables devant le créateur? Ceci est l'un des enseignements que Jésus a toujours voulu faire comprendre aux Juifs qui se croyaient au dessus des publicains et autres, qui se croyaient descendants d'Abraham et disciples de Moise, mais qui ne pratiquaient pas ce que le Dieu d'Abraham et de Moise leur demandait. De ce que j'ai réalisé avec les églises locales et dénominations, je suis arrivé à cette petite conclusion:

> *Si vous n'êtes pas sûre de la raison pour laquelle vous allez à l'église, n'y allez donc point car vous risquez de courir un grand danger ou d'être aussi un danger public pour les autres.*
> *(Thierry Bwaka)*

Voilà comment le diable, rusé qu'il est, peut manipuler tout un système justement pour nous éloigner de la présence de Dieu afin de nous détruire plus tard. J'étais allé à l'église pour m'échapper aux menaces et à la malédiction qui nous avaient été lancées par nos oncles paternels après la mort de notre père. Mais le diable me précéda dans l'église et suscita des actes abominables dans les coeurs de mes responsables spirituels qui devinrent des occasions de chute pour moi. Cela me poussa alors à oublier mon objectif initial et à quitter l'église pour aller dans le monde dont il est le prince. Au fait, l'ennemi ne voulait pas que je quitte son camp ou que je m'échappe à son contrôle pour aller trouver refuge à Jésus

Christ ou servir Dieu. C'était au fait une façon indirecte de me réclamer de la main du Seigneur.

De même aujourd'hui encore beaucoup d'enfants de Dieu sont butés par ce même problème: la réclamation ou revendication des forces et puissances maléfiques de la maison de leurs parents. L'ennemi ne veut pas les laisser aller adorer l'Éternel dans le désert et servir Jésus Christ; d'où il les poursuit même dans les assemblées et par manque de discernement comme moi à l'époque, ils se laissent persuader par l'ennemi en quittant leurs assemblées à cause des épreuves, oubliant que ces dernières nous aident à développer un caractère digne d'un bon serviteur.

Apprenons donc à identifier la petite main de l'ennemi derrière certaines épreuves et circonstances de nos vies pour lui dire: «Arrière de moi Satan».

V.

LOIN DE JESUS, C'EST LA MORT

Suite à la déception rencontrée dans l'église quand j'avais 11 ans où le Seigneur me délivra de justesse de l'abus sexuel de mon responsable spirituel et du scandale du vicaire de notre église qui rendit grosse une soeur chantre dans le groupe des choristes «Bilenge ya mwinda», je décidai de ne plus fréquenter une autre église. Je me réfugiai alors dans le monde où le prince de ce monde s'empara de moi pour m'utiliser pour ses fins. Bien que j'aie quitté l'Église, je portais déjà en moi une semence: celle de l'impudicité. Il faut le dire que j'étais entré dans l'Église innocent, et c'est là que je me suis activement lancé dans la fornication qui se déchaîna rapidement dans une vie de plusieurs partenaires, de l'appétit sexuel, de l'orgueil, de l'exploitation des filles et autres. Nous commençâmes à nous échanger des partenaires sexuels et à se lancer à des perversions sexuelles.

Dans le monde, je me lançai rapidement dans une vie de péché qui m'ouvra plusieurs portes donnant accès au diable et à ses puissances dans ma vie. J'atteignais à peine Douze ans et je voulais déjà coucher avec beaucoup de filles de taille et posture différente. Moi et mes amis commencions déjà à consulter les magiciens du quartier pour acquérir quelques formules magiques pour satisfaire nos convoitises telles que avoir du succès et la popularité dans la ville, soit de l'argent, soit un pouvoir dominateur sur les filles en sorte qu'aucune d'elles ne pouvait résister devant nous. Ce plaisir mondain m'avait beaucoup plu à cette époque: draguer les filles.

La procédure magique consistait à s'enfermer dans ma chambre et dessiner par terre certains symboles, décorer ces symboles avec des bougies rouges ou noires, répandre un parfum spécial sur ses symboles, s'agenouiller et commencer à faire des incantations ou répéter quelques phrases dans une langue inconnue sur ses symboles tout en citant le nom de la fille que je voulais avoir.

Parfois, on utilisait la terre de l'endroit où la fille en question avait marché. Par exemple, si je voulais coucher avec une fille de mon goût, une fille que j'admirais, je devais suivre ses traces pour prélever la terre de l'endroit que son pied piétinait et ensuite je rentrais chez moi avec cette terre pour la travailler. Et dès que je finissais mes formules magiques, je devais m'oindre les mains avec un parfum spécial qui m'était donné par le magicien et je devais me diriger tout droit vers cette fille. Une fois que je l'avais aperçue, je devais la saluer en lui serrant la main. Cependant, je n'avais pas le droit de saluer une autre fille pour éviter des complications. Une fois qu'on s'était serrés les mains, cette fille devait commencer à me suivre partout comme un chien courant derrière son maître. Même si elle avait une autre destination, elle la changerait malgré elle et devait me suivre d'abord jusqu'à ce que l'objectif soit atteint. Elle serrait comme hypnotisée et obéirait aveuglement à tout ce que je devais lui dire. C'est comme ça j'en suis certain que beaucoup de filles se retrouvent en train de poser des actes qu'elles n'en ont pas le contrôle et finissent par se poser tant de question du genre: qu'ai-je fait? Pourquoi je l'ai fait? Comment est-ce possible? En ce qui me concerne, je l'ai tenté à deux ou trois reprises, malheureusement, ca n'a jamais marché. Et à chaque déception, le dit magicien me donnait une nouvelle formule qui ne réussissait toujours pas et il me disait que sûrement je commettais des erreurs pendant les cérémonies incantatoires. Mais je pense que ca ne marchait pas avec moi, parce que je le faisais malgré moi ou sous l'influence des amis, car au fin fond de mon coeur, je ne croyais pas à ces choses des magiciens. C'était des aventures pure et simple.

Alerte rouge!: Si cela est donc vrai, voila pourquoi nous devons prier sans cesse et prier avant toute chose car cette formule peut se développer et être utilisée dans plusieurs domaines de nos vies: être séduits par les discours des vendeurs ambulants afin de nous faire acheter des choses qu'on n'utilisera peut être jamais; être séduits par des belles paroles d'un monsieur ou d'une dame qui plus tard vous rendra malheureux ou malheureuse dans le mariage; être séduits pour se lancer dans un business qui semblait très intéressant alors que le plan caché du diable était de vous séduire à investir une bonne partie de votre fortune pour vous ruiner après; etc.

En visitant les magiciens, j'ignorais que je donnais ainsi accès au diable pour avoir un droit légitime sur moi, c'était une abomination que je commettais, une semence d'idolâtrie que j'emmenais dans ma vie, une semence qui s'était développée et s'était transformée en habitude et dépendance. En se lançant dans la fornication, c'était une porte que j'avais ouverte pour donner au diable l'accès à ma vie, c'était une autre semence que je développais dans ma vie. Et comme toute semence lorsqu'elle est arrosée, elle s'accroît toujours: celle de l'impudicité avait aussi grandi et s'était transformée en habitude dans ma vie. Gloire rendu a Dieu pour son Fils Jésus Christ qui eut pitié de moi et me délivra de tous ces liens et œuvres.

Jésus est le Sauveur de l'humanité. C'est lui qui accorde la délivrance, la guérison, la protection, la réconciliation avec Dieu, la paix, la restauration, en un mot le salut. Malheureusement, toutes ces choses le monde ne saura jamais nous les offrir. L'apôtre Jacques nous le dit: «quiconque aime le monde est ennemi de Dieu» (Jacques 4:4).

> *«Remettons nos œuvres entre les mains du Seigneur et nos projets réussiront» Prov. 16 :3*

VI.

TOUTE ELEVATION SANS JESUS FINIT PAR LA CHUTE

Après avoir terminé avec une haute mention mes études primaires, je fus admis pour mon cycle secondaire dans l'une des meilleures écoles du Congo, le collège Jésuite Sadisana dans la ville de Kikwit, province du Bandundu. Au cours de ma troisième année secondaire, je joignis le groupe théâtral du Collège où j'interprétai plusieurs rôles parmi lesquels un me rendra très populaire: *Figaro dans la Précaution Inutile*. Je devins très populaire par mes exploits dans mes performances d'acteur. De l'autre coté, Je fonçais toujours dans l'impudicité. Mais une chose que j'avais constaté, c'est qu'en moi il s'est développé cet art de parler, comme un pouvoir qui faisait que toute fille que j'approchai, tombait toujours par mon charme et paroles. Quand je m'en étais aperçu, je le développai et maîtrisai cette aptitude. Je n'avais rien et ma famille non plus, mais j'étais devenu célèbre surtout au milieu des filles. Ceci ajouta en moi l'orgueil, un orgueil pas comme les autres à tel enseigne que même ma façon de marcher avait changé. Je commençais à bouder tout le monde, voire même la nature. Pour me rendre aux cours, je devais attendre que tous les élèves soient rangés devant leurs classes, attendant le dernier coup de sifflet pour entrer dans leurs classes et c'est à ce moment là que j'arrivai, marchant calmement avec mes lunettes anti solaires sur mes yeux. J'attirai réellement l'attention de tous les élèves. Quand j'arrivai devant ma classe, je me tenais le dernier dans la rangée, laissant l'intervalle de deux mètres entre la dernière personne et moi, et ne parlant à personne.

Je commençais à faire des fans parmi les élèves. J'appelais tout le monde «mbwa», ce qui veut dire «chien» et quand je m'adressais à une fille, je ne l'appelai que «fille» bien que je connaissais leurs noms. Je boudais seul, même en allant aux petits besoins. Je n'avais plus honte de dire à mes copines que ma famille n'était plus riche; par conséquent je devais aider ma mère dans son commerce pour survivre et payer mes frais scolaires. C'est comme ça que certaines copines, issues des familles riches se retrouvaient assises près de moi vendant la chikwangue et le pain devant un petit marché de notre quartier, tout cela au nom de l'amour. Et d'autres qui se débrouillaient par leur petit commerce, pourvoyaient à mes petits besoins soit en m'apportant la bouffe, soit une somme d'argent que je leur demandais au risque de me perdre. Et ça marchait.

Mais le reste du collège avait toujours cette image de notre hôtel car c'était l'un des célèbres hôtels de notre quartier. Par conséquent ils me surnommèrent «HB» qui signifie «Hotel Bwaki». Quand j'approchai une fille, je n'allais pas droit pour lui faire savoir mon intention, mais je l'attirai par différents propos (exactement comme un pécheur qui attire le poisson par l'hameçon; comme le diable a séduit Eve dans le jardin d'Éden) jusqu'à la séduire et je pouvais lire ses pensées et je pouvais voir comment ses sentiments et émotions se développaient à mon égards. Évidement, je ne pouvais même pas expliquer ce que je faisais en ce moment car je n'en avais pas le contrôle; je ne me contentais que de jouir de ma jeunesse, bien que cela fût dans le péché et loin de la face de Dieu.

Je peux dire aujourd'hui que je n'avais pas le contrôle de ma vie car je me retrouvais en train de faire des choses bizarres et d'autres capacités et aptitudes se développaient en moi sans que je n'en connaisse la source.

Malgré tout cela, gloire soit rendue à Dieu pour sa grâce et miséricorde car je n'avais point perdu l'un des talents que le bon Dieu m'a donné: l'intelligence. Malgré ma passion pour les filles, je n'ai jamais repris une seule classe toute ma vie durant et je me retrouvais toujours parmi les cinq premiers de classe. Et c'est aussi l'une des raisons (je pense) pour lesquelles je ne pouvais pas être renvoyé du collège malgré mes autres aventures. C'est aussi ce que tout le monde et surtout mes proches amis ne comprenaient pas. J'étais actif dans le péché et les aventures mais je ne négligeais jamais mes études.

En cinquième année secondaire, Je mobilisai mes collègues de promotion pour créer pour la première fois dans l'histoire de ce collège un deuxième groupe musical que j'appelai: Sadi 5, la première et principale étant Sadi Vox. Le groupe reçût le soutien d'un ami prêtre qui nous assista à accomplir beaucoup des exploits dans notre promotion. Ayant été le président du groupe, mon surnom changea en «HB Production». Je devins tellement influent que vers la fin de ma cinquième année, je fus élu délégué Principal du collège entier. Mon rôle était de représenter, défendre les intérêts de la communauté estudiantine au collège et à assurer la bonne marche de la vie au collège. J'emmenai un vent nouveau dans le collège pendant le mandat de mon leadership: celui du loisir en plus des études. La vie au collège devint très intéressante.

Les élèves commencèrent à passer beaucoup plus de temps au collège qu'a leurs maisons car en plus de trois sessions que nous avions (9-12h; 14-16h et 19-21h), les élèves pouvaient rester au collège pendant les pauses pour différentes activités. Durant mon leadership, le collège expérimenta un autre succès du coté de l'équipe du football. Notre équipe Sadisana battit l'équipe d'un autre collège des séminaristes de la place, Ndobo sur leur terrain. Mais ce qui était spécial pour cette victoire, c'est que cela datait de plusieurs années que Sadisana, notre équipe n'arrivait plus à battre l'autre équipe, Ndobo et cela s'inscrivait déjà dans l'histoire. Mais je voulais changer l'histoire, je voulais changer les choses et c'est ce que j'avais fait. C'est sous mon leadership que le trophée était revenu à Sadisana. Wow!

Cependant, le secret derrière cette victoire n'était pas tout simplement une bonne préparation, moins encore une bonne mobilisation, ni l'unité dans le travail (parce que il faut l'avouer que j'avais vraiment emmené tous les élèves dans l'unité et le travail afin de marquer la différence, car j'aime la différence), mais ce succès était aussi dû à un travail des ténèbres. En effet, l'un des membres de mon comité de l'équipe avait son oncle qui était un féticheur et pendant les préparatifs, il le recommanda au comité pour assurer la victoire. Étant le délégué principal du collège, c'est moi qui devais approuver ou rejeter cette idée.

Vu notre détermination à remporter la victoire, je donnai l'avale au comité de faire les démarches bien que je n'étais pas trop chaud vu ma première déception avec le magicien à l'âge de 12 ans. Nous allâmes chez ce féticheur qui nous garantit la victoire à 2 goals. Et nous remportâmes la victoire dans ce match. J'avais dix huit ans à l'époque et c'était la deuxième fois que je visitais la maison d'un agent du diable, un féticheur. Quelle audace! Aller consulter un féticheur pour le compte de l'équipe d'un collège Jésuite, à l'insu de mon Préfet et de mes prêtres Jésuites. Mais cela ne passait même pas dans ma tète, car bien que bidèle général d'un collège Jésuite, je fus toujours ce païen déçu par la religion depuis l'âge de 11 ans. Mais à quoi je jouais? Voilà pourquoi, il est important de bien discerner l'état d'âme des personnes à qui on veut confier des responsabilités et les consacrer à Dieu. Laissez-moi ouvrir une parenthèse car ce principe s'applique également même dans les assemblées Chrétiennes de nos jours.

Témoignage

Un jour, un pasteur d'une église pentecôtiste voulait élever un frère au rang des prédicateurs dans son église. Le frère était vraiment zélé dans le Seigneur et donnait l'impression d'aimer sincèrement Dieu et de marcher dans la crainte du Seigneur. Dans ses discours, le nom de Dieu, la crainte de Dieu et plusieurs versets bibliques ne manquaient jamais. Et quand l'homme de Dieu s'est résolu à l'élever au rang des prédicateurs, le Seigneur lui montra comment ce frère était plus religieux que chrétien: Il donnait l'impression de trop aimer la parole de Dieu mais en réalité il ne la pratiquait pas car chez lui à la maison, il ne faisait que maudire ses propres enfants par des déclarations négatives et il vivait en séparation de corps avec sa femme. Voilà comment il est important de demander et de recevoir l'approbation de Dieu avant de confier des responsabilités à qui que ce soit. Gloire à l'Éternel.

Après cet exploit du match de football, Il se développa une certaine crainte dans le corps professoral au point que certains professeurs et prêtres commencèrent à trop s'inquiéter pour les examens d'état car la participation active des élèves dans les activités socioculturelles donnèrent l'impression que nous négligions les études. Mais à leur grande surprise, notre promotion leur prouva le contraire. Tout le monde dans notre promotion obtint son diplôme de fin de cycle des humanités avec une bonne mention. J'occupai la troisième place avec une excellente mention.

Cependant, après avoir présenté mes examens de fin d'études et pendant l'attente des résultats, je fus attaqué d'une maladie mystérieuse qui m'envoya tout droit vers l'hôpital pour plusieurs semaines. Alors que tous mes amis et collègues de promotion quittaient le collège avec leurs diplômes et joyeux pour rentrer chez eux à la maison, moi, l'étudiant le plus célèbre, le bidele général du collège, le président du groupe musical du collège et acteur de théâtre, je quittais le collège avec mon diplôme, mais malheureux et malade, presque mourant. Malheureusement, c'est ce que beaucoup des personnes ignorent: Tout ce que nous faisons aujourd'hui détermine tout ce qui nous arrivera demain. La joie et le bonheur d'aujourd'hui ne se garantissent pas automatiquement pour notre avenir ni celui de nos enfants. Abraham qui avait la promesse et l'alliance avec Dieu, était fort riche, mais après sa mort son fils Isaac n'a pas bénéficier de toutes ces richesses car la Bible nous dit qu'après la mort d'Abraham, tous ses puits qu'il avait laissés à son fils Isaac avaient fait objet de querelle et ont été remplis de poussière à tel enseigne que Isaac devait aller creuser un nouveau puits avec ses propres efforts, qu'il appela Rehoboth. Et Isaac qui, à son tour, prospéra jusqu'à devenir plus fort et plus puissant qu'Abimelec et tout son pays, n'a pas pu maintenir cette richesse éternellement car la Bible nous dit dans Genèse 26, qu'Isaac face à la famine qui frappa le pays, voulait quitter le pays pour aller en Égypte. Il en fut de même avec Jacob, petit fils d'Abraham qui commença riche mais finit dans la famine, suivant l'exemple de ses parents pour aller en Égypte. La chose à comprendre c'est qu'il n'y a aucune garantie dans le matériel. Le présent peut être glorieux et fantastique, mais cela n'est pas une garantie qu'il en sera de même avec l'avenir. Seul Jésus Christ peut garantir un présent et un avenir heureux et prospère pour nous et nos postérités. Si Abraham, Isaac et Jacob, ceux qui ont marché avec Dieu et qui ont eu une alliance avec le Seigneur l'ont expérimenté, à combien plus forte raison ceux qui n'ont pas le Seigneur en eux. En effet, voici ce que Dieu dit pour le méchant.

> *«Voici la part que Dieu réserve au méchant, l'héritage que le Tout-Puissant destine à l'impie. S'il a des fils en grand nombre, c'est pour le glaive, et ses rejetons manquent de pain; ceux qui échappent sont enterres par la peste, et leurs veuves ne les pleurent pas. S'il amasse l'argent comme la poussière, s'il entasse les vêtements comme la boue, c'est qui entasse, mais*

c'est le juste qui se revêt, c'est l'homme intègre qui a l'argent en
partage. Sa maison est comme celle que bâtit la teigne, comme
la cabane que fait un gardien. Il se couche riche, et il meurt
dépouillé; il ouvre les yeux, et tout a disparu... ». Job 27:13-19

Et si vous examinez la vie des plupart de méchants que vous connaissez
dans votre vie, vous vous rendrez compte que tous finissent souvent de la
même façon telle que décrite dans la parole de Dieu.

«Et que servirait-il à un homme de gagner tout le monde s'il
perdait son âme».Mat 16:26

VII.

DELIVRE D'UNE MALADIE MYSTERIEUSE

A l'hôpital, j'expérimentai un double phénomène: l'abandon et la pitié des hommes ainsi que le secours et l'amour de l'Éternel. Cette maladie mystérieuse non seulement m'hospitalisa pendant plusieurs jours, mais aussi et surtout fit déclencher la gloire de Dieu dans ma vie. Ce qui attira mon attention sur l'amour et la grâce de Dieu car je commençais à réaliser combien Dieu m'aimait. Bien que je me fusse rebellé contre la religion pendant plusieurs années et bien que je devienne très actif dans le péché et abominations, Dieu pouvait toujours me protéger et m'épargner de cette attaque diabolique et de la mort. Comme Dieu est amour et patient envers les pécheurs.

> *«Venez et plaidons! dit l'Éternel. Si vos péchés sont comme le cramoisi, ils deviendront blancs comme la neige; s'ils sont rouges comme la pourpre, ils deviendront comme la laine».*
> *Es.1:18*

C'est à l'âge de 18ans que j'eus cette attaque mystérieuse. Dès que je présentai mes examens de fin d'année (baccalauréat), je tombai gravement malade avec un seul symptôme: l'amaigrissement. Je maigrissais du jour au jour. On me fit faire tous les examens médicaux possible, et un seul résultat se révélait: *tout était normal*. Alors que je continuais à maigrir et souffrir du jour au jour et j'étais visiblement malade. Je fus régulièrement admis, libéré et réadmis à l'hôpital général de Kikwit dans la province du Bandundu, République Démocratique du Congo. Ceci devint comme une habitude et un style de vie pour moi.

N'en pouvant plus et ne voulant pas perdre son fils, un jour ma mère décida de m'emmener chez un féticheur pour chercher la guérison. Pauvre veuve! Nous allâmes et j'y passai la nuit chez cette dame féticheur. C'était la troisième fois que je visitais un autre féticheur. La semence d'idolâtrie opérait toujours en moi. A minuit, elle me réveilla, ouvra la porte de sa maison et me demanda de m'asseoir sur un petit tabouret, faisant face aux cimetières qui étaient à quelques mètres de sa maison et elle continuait à faire des incantations. Malgré toutes les formules pratiquées, malgré toutes les incantations faites, malgré le nombre des incisions faites sur moi, malgré tous les efforts fournis, malgré toute une nuit sacrifiée chez elle pour répondre à ses instructions et celles de ses soi-disant esprits, sa seule réponse à mon problème mystérieux était:

> *«Parce qu'il était l'enfant chéri de son défunt père, ce dernier ne*
> *veut pas le lâcher, c'est pourquoi son esprit continue à revenir*
> *pour le chercher. Par conséquent, il faut qu'il suive à la lettre*
> *toutes les instructions que je vais lui donner afin d'empêcher*
> *son défunt père de revenir le chercher».* <u>*Mensonge!*</u>

Il me donna plusieurs instructions à suivre. Malheureusement, pour des convictions personnelles, je ne les respectai point car bien que je ne connaissais pas le Seigneur, je n'avais plus trop confiance à des telles personnes, depuis ma première expérience avec le fameux magicien quand j'avais 12 ans. Ma mère fut totalement désemparée suite à ma désobéissance à suivre les instructions de ce féticheur. Ceci s'empira encore quand je fus réadmis à l'hôpital pour la même maladie mystérieuse après ma visite chez cette dame féticheur. Tout le monde commençait à être fatigué: ma mère était physiquement et moralement épuisée; les médecins de cet hôpital voulaient quand à eux se débarrasser de ce cas compliqué car ils avaient fait tout ce qui était à leur pouvoir mais ils n'avaient jamais réussi à résoudre mon problème. Finalement, je fus enfin transféré, sur l'ordre du collège des médecins de cet hôpital, dans le pavillon 5.

Ce pavillon était bien connu de tous dans cette contrée à cause de sa réputation d'héberger les patients pendant leurs derniers jours de vie ici-bas; pour autant dire que la plupart des malades transférés dans ce pavillon, n'en sortaient que des cadavres. C'était au fait le pavillon des maladies chroniques et incurables, et c'est là que je fus transféré car d'après les médecins, il n'y avait plus rien qu'ils pouvaient faire pour moi.

> «Je sais que mon rédempteur est vivant, et qu'il se lèvera le dernier sur la terre. Quand ma peau sera détruite, il se lèvera; après que ma peau aura été détruite, moi-même je contemplerai Dieu». Job 19:25-26

Ce message était gravé en moi sans que je ne l'aie jamais lu. A chaque fois qu'une personne venait me rendre visite, je pouvais voir des larmes sur leurs yeux et ils ne pouvaient pas rester longtemps auprès de moi car ils avaient tellement pitié et compassion de moi. Mais en moi même, j'avais cette ferme assurance que je sortirais de ce pavillon et de l'hôpital **vivant**. Je ne savais pas comment cela se ferra, mais j'étais convaincu que je ne pouvais pas mourir à ce moment là. D'où c'est plutôt moi qui encourageais et consolais mes visiteurs. Je ne connaissais pas grand-chose sur la foi vu que je n'étais pas né de nouveau et aussi j'avais abandonné l'église cela faisait déjà 8 ans. Mais au-dedans de moi, il y avait une forte conviction, une assurance que je n'étais pas près à mourir en ce moment. Miraculeusement, je n'ai passé dans ce pavillon qu'une seule nuit car le lendemain, je reçus un visiteur, mon ami prêtre Jésuite qui m'avait soutenu à créer Sadi 5, le deuxième groupe musical du collège. Il vint me rendre visite. Il se tenait à côté de mon lit et me regardait calmement sans dire un mot et en retour je répondais à son regard avec mon sourire habituel. Après quelques minutes de silence, il s'excusa pour aller consulter ma mère dehors et ils revinrent ensemble pour m'annoncer que cet ami prêtre voulait voyager avec moi à Kinshasa, la capitale de la RD Congo afin que j'aille suivre d'autres traitements. Évidemment, ma famille n'avait pas trop de choix que de céder à cette demande. C'est comme ça que j'ai quitté l'hôpital général de Kikwit pour Kinshasa.

Cependant voilà comment Dieu opère: Il peut utiliser n'importe qui, n'importe quoi, à n'importe quel moment et de n'importe quelle façon. Le simple déplacement de Kikwit à Kinshasa m'apporta la guérison, une guérison immédiate et sans médicaments, alors que les médecins et les féticheurs n'ont pas pu. Ceci n'était pas justement un simple problème de la pensée ou de la psychologie, mais plutôt une vraie délivrance des puissances des ténèbres de cette ville par l'Éternel car dès que j'arrivai à Kinshasa, non seulement Jésus Christ me guérit, mais encore il écrasa mes ennemis. Tout ceci se passa pendant cette première nuit à Kinshasa. Le matin, je me levai pour trouver un serpent mort devant la porte de ma chambre, un serpent mort de lui-même, et sa tête écrasée derrière une armoire qui était au couloir sans pour autant que quelqu'un puisse le tuer. Alléluia!

> *«Ils te feront la guerre mais ils ne te vaincront pas car je suis avec toi pour te délivrer, dit l'Éternel». Jérémie 1:19*

Dieu nous aime et nous appelle tels que nous sommes. Cependant, il nous aime tellement qu'il ne veut pas nous laisser tels que nous sommes. Ce n'est pas parce que nous ne voyons pas ce que nous voulons qu'il fasse pour nous que Dieu ne nous aime pas; mais s'il nous ouvrait les yeux pour nous montrer ce qu'il a commencé à faire et ce qu'il fait dans nos vies depuis le jour de notre naissance jusqu'aujourd'hui, nous nous repentirons de nos voies pour apprécier son amour pour nous. Et c'est ce qu'il veut faire si nous pouvons lui donner une chance. Il nous a aimé le premier, il nous aime toujours et nous aimera toujours malgré nos mauvaises conduites. C'est pour cette raison qu'il veut nous épargner de la condamnation et de la colère à venir en nous accordant la rédemption en Jésus Christ, car ça serait un mensonge de laisser s'égarer et périr la personne qu'on prétend aimer, et en Dieu il n'y a pas de mensonge.

> *«… Dieu a tant aimé le monde qu'il a donné son Fils Unique afin que quiconque croit en lui ne périsse point mais qu'il ait la vie éternelle». Jean 3:16*

VIII.

DELIVRE D'UNE FEMME SORCIERE

Ayant échoué dans ses plans de maladie, l'ennemi voulait maintenant m'achever par une autre stratégie: le sexe. Il nous est dit dans la Bible que celui qui brise une muraille sera mordu par le serpent; en d'autres termes, tant que nous restons dans la bergerie sous la protection du bon berger, nous serons toujours en sécurité, mais un danger nous attend dès que nous sortons de la bergerie. De fois pour t'avoir, le diable peut entrer par les portes que nous ouvrons au travers des péchés chéris. C'est pourquoi quand Dieu nous demande d'abandonner tel ou tel péché ou habitude, nous devons lui obéir et le faire le plus vite que possible avant que la situation ne s'empire. Pour mon cas, évidemment j'étais ignorant de la parole et de la connaissance de la volonté de Dieu. Cela constitua alors une bonne porte qui permit à l'ennemi de me récupérer.

Malgré cette délivrance de la maladie et du serpent, Il s'y développa encore en moi une incrédulité grave à l'égard de l'évangile. Mes grandes soeurs et cousines étaient déjà nées de nouveau et faisaient de leur mieux pour m'emmener au Seigneur, mais je ne leur donnais aucune chance. Un jour, elles réussirent à m'inviter dans leur église Emmanuel, une église charismatique située au quartier De bonhomme dans la commune de Limete à Kinshasa en République Démocratique du Congo. J'avais porté un habit traditionnel Africain, donnant l'apparence d'un musulman et je m'installai à la première rangée en face du modérateur. Tout au long du culte, je me mis à provoquer le pauvre modérateur.

Quand ce dernier demandait à toute l'église de se lever, moi je ne me levais pas et même quand il s'agissait de louer et d'adorer le Seigneur, je ne priais ni ne chantais. Je n'obéissais point à toutes les instructions que ce modérateur donnait à l'assemblée. Évidement, je ne savais pas qu'en agissant ainsi, c'est à l'Esprit de Dieu même que je désobéissais car le culte se fait selon les directives du Saint Esprit. En effet, je pouvais voir comment mon attitude dérangeait le modérateur. Voilà comment l'ennemi peut nous pousser à nous révolter contre notre Dieu. A la fin du culte il alla se confier à mes soeurs et cousines sans savoir que j'étais leur frère. Je commençai quand même à fréquenter cette église avec mes soeurs et cousines, mais cela ne dura pas longtemps car un incident eut lieu chez nous à la maison et je me déplaçai pour aller vivre avec l'une de mes autres soeurs dans la commune de Masina Sans Fil, une autre commune de Kinshasa en République Démocratique du Congo. Ce qui veut dire que je ne pouvais plus fréquenter l'assemblée Emmanuel à cause de la distance.

A Masina, quelque mois avant mon voyage en Europe, l'ennemi emmena encore auprès de moi une femme mariée plus âgée que moi, belle de figure et très attrayante, mais possédée d'un esprit de sirène communément connu sous le nom de «Mamie Wata». Cette femme avait comme mission de me rendre stérile une fois qu'on sortirait ensemble (en prenant mon sperme pour aller le mettre sous une pierre dans les profondeurs des eaux et de l'utiliser pour d'autres fins selon le plan du diable). Cette femme était aussi une copine d'un grand féticheur et catcheur très populaire, connu dans tout le Congo et elle a eu un enfant avec lui. Comprenez déjà devant quels liens et alliance je m'exposais si le plan du diable réussissait? Et voyez comment la semence de l'idolâtrie travaillait toujours en moi? Le diable voulait toujours me maintenir sous son contrôle en emmenant sur mon chemin ses agents.

Dans cette vie nous sommes toujours attirés par toutes sortes de choses, puissances et personnes, mais nous devons faire attention à nos actions de peur de nous attirer des ennuis. Le diable a un plan de destruction pour tous les hommes, si bien qu'il va utiliser toute sa ruse pour nous piéger et nous faire tomber, dans le but d'avoir un droit légitime sur nous comme il l'a fait avec Adam et Eve dans le jardin d'Éden. Il ferra de son mieux pour nous séduire afin de nous faire entrer dans des alliances étrangères et de nous éloigner de Dieu. De la sorte, il peut nous réclamer à notre Dieu se basant sur la justice de Dieu.

Par exemple, il séduira les païens à ne pas écouter l'évangile de grâce ou lire la parole de Dieu afin de rester dans l'ignorance et périr dans cet état pour finir avec lui en enfer; alors que Dieu nous a donné sa parole afin que nous croyions et que nous soyons sauvés.

Cette femme m'approcha alors quand j'étais dans ma deuxième année d'université ou je faisais l'agronomie à l'université de Kinshasa. Je lui expliquai que je n'étais qu'un simple étudiant a la charge de ma famille et que je ne saurais jamais prendre soin d'elle. Malheureusement, ceci n'était pas un problème ou une raison valable pour elle pour me lâcher car elle ne cherchait pas l'argent. Bien qu'elle me voyait avec une autre fille, elle tenait toujours à son objectif qui était de sortir avec moi pour accomplir la mission du diable. Cette union de corps allait bien me livrer au diable en devenant un seul corps avec elle. C'est pourquoi il ne faut jamais prendre à la légère l'union sexuelle. C'est tout un mystère.

Ce qui me surprenait toujours c'est que le coureur de jupons que j'étais devenu, n'a pas pu tomber dans les mains d'une très jolie et attrayante

45

femme comme celle-là. C'est comme une chèvre qui a du mal à manger du manioc qui est devant lui, ou un chat qui joue avec une sourie. Il y avait comme une autre puissance, plus forte que mes sentiments qui me retenait à faire quoi que ce soit avec cette dame. J'étais comme une proie à la gueule du lion. Cette femme voulait à tout prix avoir des rapports sexuels avec moi. Cependant son désir ne me semblait pas naturel car je me disais comment une très jolie femme mariée peut courir derrière un pauvre jeune étudiant jusqu'à lui faire pression pour avoir des rapports sexuels avec lui. C'était la première fois que j'allais avoir affaire à une femme mariée et tout cela me faisait peur. Je n'étais pas du tout convaincu de cette aventure mais j'étais incapable d'y renoncer. Par conséquent je commençais à chercher à l'éviter. Malheureusement cela ne fut pas facile.

A chaque fois qu'elle me faisait pression sur son objectif, j'arrivais toujours à lui présenter une excuse. C'est comme s'il y avait une personne qui m'empêchait de le faire. Tout en elle était attirant, mais rien ne me motivait à aller au lit avec elle. Un jour, n'ayant plus des prétextes à lui présenter, car elle avait compris que je l'évitais, je me décidai de céder à sa pression pour lui faire plaisir. Nous nous rendîmes dans un hôtel au quartier N'djili à Kinshasa. Mais à ma grande surprise, cette femme fut indisposée car elle était dans son cycle menstruel. Toute l'opération échoua et nous retournâmes à la maison. Gloire au Seigneur! Quelques semaines après, je fus invité dans une église de la place et dès que j'y entrai, l'homme de Dieu me fixa de regards et me donna une parole de connaissance me révélant exactement ce qui se passait dans ma vie, ainsi que la volonté de Dieu pour moi:

> «*Tu sors avec deux filles, l'une d'elle est mariée et elle est un instrument du diable en mission pour te détruire. Elle est possédée d'un esprit de Mamie Wata et attendait que tu*

couches avec elle pour te rendre stérile et te détruire…. Tu aimes beaucoup le Seigneur et n'aime pas qu'on t'égare avec les choses de Dieu… Voilà Dieu t'envoie en Europe où il va t'utiliser pour gagner beaucoup d'âmes pour l'avancement de Son Royaume… ». (Un prophète de Kinshasa).

En effet, je sortais avec deux filles à l'époque et dès que cet homme de Dieu me révélait comment ma vie était en danger face à cette dame à l'esprit de Mamie Wata, je commençais à transpirer et à trembler de peur, réalisant que je courrais un risque et que ma vie était sur le point d'être ruinée à cause de ma passion pour les convoitises charnelles! Et ma pauvre mère qui s'est sacrifiée pour mes études? Et mes ambitions? Dès que ce plan du diable fut dévoilé, cette dame coupa tout contact avec moi et elle ne voulait plus me parler. Quelques mois après, j'obtins une bourse d'études pour l'Europe où ma famille et moi ne dépensâmes rien pour ce voyage comme me l'avait annoncé l'homme de Dieu.

N'est-ce pas que Dieu est bon et fidèle à sa promesse! La promesse de Dieu s'accomplit toujours dans nos vies. Si elle tarde, nous devons avoir confiance à Dieu pour l'attendre car elle s'accomplira certainement. Ne méprisons donc point les prophéties mais plutôt examinons-les à la lumière des écritures et écrivons-les quelque part pour ne pas les oublier et oublier le plan et la volonté de Dieu pour nous. Et développons l'habitude de méditer la parole ainsi que les promesses de Dieu nuit et jour. Elles constitueront une source de force pour nous. Dieu sait pourquoi il nous donne ses promesses et nous devons apprécier ces dons et les garder jalousement car au moment opportun, elles peuvent constituer une arme contre le Diable lorsqu'il cherchera à nous égarer ou encore à nous détruire. N'oublions pas qu'il rode tout autour de nous comme un lion rugissant cherchant qui dévorer; C'est pourquoi Dieu nous recommande de résister à l'ennemi avec une ferme foi afin qu'il s'enfuie loin de nous. Les promesses de Dieu nous donnent l'espérance et la force de lui résister jusqu'au bout. Seul Jésus Christ peut nous protéger contre toutes les attaques du diable car il a dit «aucun malheur ne nous frappera et aucun fléau ne s'approchera de nos tentes car Lui-même vit en nous par Son Esprit et ses anges veuillent sur nous afin que nous ne nous puissions point nous heurter contre une pierre» Psaume 91.

Posons-nous maintenant cette question: qu'est-ce qui m'arriverait si je refusais de répondre à l'invitation qui m'était lancée pour visiter cette église? Si je m'étais échappé à ce piège du diable c'est parce que je m'étais rendu dans une église, si je suis marié aujourd'hui et père de 4 enfants, c'est parce que j'ai accepté de visiter une église sur invitation. Combien n'ont-ils pas gâché leur vie en ayant des préjugés sur les églises? Combien n'ont-ils pas gâché leur destinée en s'unissant avec divers partenaires sexuels, ne sachant pas que certaines ou certains peuvent être des agents du diable en mission pour les détruire?

Dans cette vie nous sommes toujours attirés par toutes sortes de choses, puissances et personnes, mais nous devons faire attention à nos actions de peur de nous attirer des ennuis. Le diable aussi a aussi des projets pour nous, seulement que ses projets sont a caractère destructif. Pour ce il va utiliser toute sa ruse pour nous piéger et nous faire tomber, dans le but d'avoir un droit légitime sur nous comme il l'a fait avec Adam et Eve dans le jardin d'Éden.

Il ferra de son mieux pour nous séduire afin de nous faire entrer dans des alliances étrangères et de nous éloigner de Dieu. De la sorte, il peut nous réclamer à notre Dieu se basant sur la justice de Dieu. Par exemple, il séduira les païens à ne pas écouter l'évangile de grâce ou lire la parole de Dieu afin de rester dans l'ignorance et périr dans cet état pour finir avec lui en enfer, alors que Dieu nous a donné sa parole afin que nous croyions et que nous soyons sauvés.

En séduisant le monde et en l'attirant vers une vie sexuelle désordonnée ou certains abusent leurs enfants, d'autres couchent avec leurs chiens, les autres entre eux ou elles, certains s'échangent des partenaires comme des chaussures, etc, le diable veut lier les hommes et les faire entrer dans toutes sortes d'alliances démoniaques qui les mettraient en horreur devant l'Éternel leur Dieu afin de les réclamer après pour accomplir son plan de destruction. Après un temps selon son plan, il mettra alors la culpabilité dans leurs coeurs pour qu'ils se sentent indignes de s'approcher de Dieu à cause de leurs oeuvres dont il est lui-même l'initiateur. De la sorte, même si de telles personnes écoutent l'évangile de paix et de réconciliation, le diable peut toujours continuer à les culpabiliser en leurs rappelant leurs péchés passés, même si Dieu les en a déjà pardonné. Le diable est très malin et ne cesse de multiplier ses stratégies et ruse pour accomplir son plan de destruction dans la vie des hommes. Mais gloire soit à Dieu pour Jésus Christ qui s'est donné en rançon pour nous et était mort sur la croix pour toi et moi. Seulement, il faut croire et recevoir gratuitement la rédemption que nous donne le Seigneur par sa grâce au moyen de notre foi.

IX.

DELIVRE DE L'OCCULTISME

Arrivé en Europe à l'âge de 20 ans, j'oubliai rapidement la volonté de Dieu ainsi que la prophétie à mon sujet. J'essayai en effet de garder l'habitude de la prière et de la méditation de la parole de Dieu pendant mes premiers jours après mon arrivée mais je crois que je n'étais pas encore assez fort ni enseigné pour tenir bon et longtemps dans le combat de résistance.

Laissez-moi rappeler qu'en Afrique je n'avais fait que moins de 6 mois dans une église autre que l'église catholique que j'avais quittée à l'âge de 12 ans pour des raisons énumérées dans les chapitres précédents. Donc tout ce que j'avais reçu de cette deuxième église était la prophétie et une série des prières des psaumes. Et tout d'un coup, je me retrouvai presque seul en Europe de l'Est au milieu d'un peuple dont la majorité ne croyait presque plus en Dieu, un peuple pour qui exposer sa nudité n'est vraiment pas un problème, un peuple amoureux de l'alcool et dont la renommée sexuelle de ses blondes est bien connue dans le monde entier. En plus de cela, il arriva que j'aie à partager ma chambre avec un Béninois qui était certainement dans le vaudou car un jour après une vive discussion autour de Dieu où je leur faisais voir la puissance et l'amour de Dieu, je reçus une attaque démoniaque où je fus presque paralysé et cloué dans mon lit. J'étais convaincu que cela venait de lui; je l'avais vite discerné à mon réveil du sommeil par son attitude. Depuis lors, ma Bible se ferma et je perdis mon habitude de méditer la parole de Dieu. Voilà encore une fois de plus comment le diable est bien organisé et il s'arrangeait que je demeure toujours sous son contrôle au travers de ses agents. Suite donc au manque d'encadrement et soutien réel dans ma vie chrétienne et d'une relation personnelle avec Jésus Christ, je me rétrogradai rapidement.

Je me lançai de nouveau dans une vie de la débauche et une vie de péché pire qu'avant où je trouvais plaisir cette fois-ci dans le chanvre, liqueurs fortes, sexe, luxe, et dans d'autres convoitises du monde. Je fus influencé dans ce style de vie par une fille occultiste que j'appellerai Héléna (pas son nom réel). En effet, ma situation devint pire qu'en Afrique. Je me lançai de nouveau à courir derrière les filles. Les boites de nuit devinrent mon lieu préféré de loisir après ma journée à l'université. Chaque week-end, j'étais un client régulier de la place. On me surnomma «Le patron gentil» à cause des filles qui étaient mon seul loisir. Cette vie me détruisait et m'éloigna complètement de Dieu. J'étais vraiment perdu, enfoncé dans les ténèbres.

Le premier jour que j'avais foulé mes pieds dans ma boite de nuit préférée, Reggae Man Night-club, Héléna m'identifia et commença à m'approcher. Elle se renseigna sur toute ma vie à mon insu: mon nom, mon origine, mon adresse, mes études, etc. A chaque fois que j'entrais dans cette boite de nuit, elle était toujours là en train de surveiller mes mouvements et me fixer de regards. Petit à petit, elle réussit à m'approcher. Chaque nuit que j'étais dans la boite, elle faisait de son mieux pour m'inviter à danser avec elle. Il faut rappeler que je fus un très bon danseur et que je maîtrisais tellement bien ce talent que je commençai à l'utiliser pour séduire les filles, en dansant d'une façon érotique et provocatrice.

Il est important de réaliser que Dieu de même que le diable n'utilisent que ce que nous avons, en outre nos talents, dons, corps, intelligence, personnalité, influence, biens matériels, argent, enfants, avoirs, etc. Si ce que nous avons n'est pas utilisé par Dieu et pour Dieu, il sera certainement utilisé par le diable et pour le diable. En Afrique, le diable s'était emparé de moi et sous son influence, j'utilisais mon charme, mon charisme, mon élégance pour séduire les filles. Mais en Europe, en plus du charme, élégance et charisme j'utilisai la danse pour atteindre mes objectifs. C'est avec regret et beaucoup de peine que je le dis: je suis sorti avec des filles qui ont été séduites justement par ma façon de danser. Ceci prouve combien cette inspiration de danse ne venait pas de Dieu. C'est pourquoi il est important que les enfants de Dieu n'imitent pas le monde en essayant d'emmener à l'Église les choses du monde et en tombant dans le formalisme mondain car nous ne connaissons pas la source d'inspiration d'une telle ou telle danse ou mouvement que nous voulons imiter.

Une nuit, alors que Héléna et moi étions en train de danser sur la piste, je fus surpris de réaliser que je n'étais pas au fait un inconnu aux yeux de Héléna. Au moment où je commençai à m'intéresser a elle et je voulus me présenter après lui avoir demandé son nom, cette dernière m'en empêcha en me disant tout sur moi: mon nom, mon adresse, mon pays d'origine, mes études, etc. Je croyais avoir affaire a une policière qui investiguait sur moi depuis longtemps. Mais ne m'inquiétant de rien parce que mes mains étaient propres du point de vu légal, je fonçai dans mon objectif. Nous commençâmes à cohabiter ensemble et Héléna m'initia dans un autre style de vie: celui des liqueurs fortes, du chanvre, des chansons d'amour, etc. Malgré tout ceci, Héléna n'était pas du tout pressée à coucher avec moi. Ce qui commença à me faire réfléchir: une fille que je rencontre dans une boite de nuit, une fille qui fut dans la drogue, des liqueurs fortes, une fille qui soi-disant fut amoureuse de moi, une fille qui dépenserait son argent pour prendre soin de moi, mais qui n'était pas pressée à aller au lit avec moi et cela dura un bon bout de temps. Fut-elle la fille de ma vie? Avais-je affaire à une fille sérieuse qui se préservait pour l'homme de sa vie?

C'est seulement le jour de mon voyage pour l'Angleterre qu'Héléna accepta enfin de sortir avec moi. C'est à ce moment qu'elle (Héléna) me montra un pentacle talisman à quoi elle se référait comme protecteur et porte-bonheur. Malheureusement, cela n'attira pas trop mon attention pour éviter cette union. Aujourd'hui je peux le dire avec certitude que j'étais sûrement envoûté et ignorant des réalités spirituelles de l'occultisme car comment un homme normal peut-il accepter de coucher avec une fille avec de telles pratiques occultes et qui se dévoile elle-même? Pourtant beaucoup sont encore victimes de ce piège à cause de leur ignorance et refus d'acquérir la connaissance concernant les réalités spirituelles, la délivrance, Dieu, etc. Je banalisai la révélation du talisman pour me concentrer dans l'acte sexuel. Je me protégeai en portant un condom et je m'en débarrassai à la fin: il y eut aucun problème ni rupture du condom. Physiquement il n'y eut aucun problème, mais spirituellement quelque chose s'était passé: quelques semaines après avoir quitté l'Europe de l'Est pour Londres, Héléna m'appela pour me dire qu'elle était enceinte de moi.

Je lui avais fait comprendre que je comptais m'installer définitivement en Angleterre, mais elle s'en foutait car tout ce qu'elle voulait de moi c'était l'enfant. Elle me dit qu'elle s'en foutait complètement si j'acceptais ou pas de prendre mes responsabilités sur la grossesse, tout ce qu'elle voulait c'est avoir un enfant avec moi. Quelques jours après elle me rappela pour m'annoncer qu'elle avait fait une fausse couche et depuis lors tout contact avec elle s'était coupé. A l'époque, je n'avais pas compris une seule chose de ce qui s'était passé. C'est plutôt après, plusieurs années que le Saint Esprit m'ouvra les yeux pour m'enseigner le mystère derrière cet acte. Quand l'ennemi ne peut pas te garder dans son camp, il ferra de son mieux pour s'infiltrer dans ton camp. Un exemple palpable est celui de la délivrance du peuple d'Israël de la main de Pharaon et de l'Égypte par le canal de Moise. Dès que ce dernier avait annoncé à Pharaon le plan de Dieu de sortir Israël de l'Égypte, Pharaon a révélé toutes ses stratégies diaboliques pour continuer à régner sur Israël de près ou de loin:

- Servir mais en Égypte (Endroit de captivité, Exode 8:21)
- Aller, mais pas loin d'Égypte (Dans les liens – Exode 8:24)
- Laisser sa femme en Égypte (partenaire – Exode 10:11)
- Laisser son avoir en Égypte (ses biens – Exode 10:24-25)

En cherchant à avoir un enfant avec moi, Héléna voulait me faire entrer dans une alliance maléfique qui permettrait à l'ennemi de me contrôler ou me manipuler à tout moment. Mais je rends grâce à Dieu qui m'a délivré de ce piège dans lequel j'ai failli tomber suite à ma passion pour les convoitises de la chair et du monde. Combien aujourd'hui n'ont-ils pas laissé leurs enfants en Égypte? Repentons-nous et allons chercher nos enfants, nos partenaires, nos biens pour les emmener ensemble avec nous devant la face de Dieu. Ce n'est pas en vain que Joseph avant de mourir avait laissé des instructions que ses os soient transportés hors d'Égypte au moment de la libération.

Une prophétie démoniaque pour m'égarer

Comme il n'y avait pas assez de jobs pour les étudiants, une opportunité d'enseigner la langue Française à une dame Chèque se présenta devant moi à Prague. Je m'y rendis et expliqua à la dame que je n'étais pas qualifié à enseigner le Français. Je ne détenais aucun certificat me donnant l'avale de faire ce job et que je ne l'avais jamais fait. Je lui dis que tout ce que je savais c'est parler la langue Française. La dame comprit et me dit que sa préoccupation n'était rien d'autre que parler Français. Le marché était donc conclu. Cependant, elle me fixa du regard et me demanda de m'approcher d'elle. Elle me dit: «Je vois une étoile sur toi, mais laisse moi le confirmer! Viens, donne-moi ta main!» Je la lui donnai et elle la prit dans sa main et commençai à la lire. Puis elle me dit: En effet, il y a une étoile qui brille fort dans ta vie. Tu seras un grand homme; c'est au travers de ta copine qui est ici à Prague que cela s'accomplira. Je ne savais même pas que cette pratique (lecture des mains) était une abomination aux yeux de l'Éternel notre Dieu. Malgré tout, je n'y prêtai même pas attention car je ne maîtrisai absolument rien du spirituel. Mais la prophétie disait que ma destinée serait meilleure à côté de cette copine de Prague, aux pratiques occultes.

Voilà encore comment le diable est bien organisé et rusé pour nous faire entrer dans toute sorte d'alliance utilisant n'importe quelle voie pour nous égarer de notre Dieu, en nous rendant en horreur devant le créateur par toutes sortes d'abominations. En effet, c'est ce que le diable fait souvent avec beaucoup d'enfants de Dieu qui possèdent plusieurs grâces et promesses. Si Dieu peut se servir de nous pour accomplir son plan merveilleux pour l'humanité, le diable aussi peut en faire autant, seulement que son plan n'est pas merveilleux pour l'humanité. Quand il fut précipité, la Bible nous dit qu'il fut précipité, animé d'une grande colère; d'où ne prenons pas à la légère ces choses, mais soyons prudent comme le serpent.

De fois l'homme ne voit que ce qui est visible, ce qui frappe aux yeux, l'apparence, le spectaculaire, le naturel mais Dieu traite plus avec le surnaturel. Ce n'est pas parce qu'on ne voit pas la chose, c'est que la chose n'existe pas. Mais nous devons avoir nos yeux ouverts pour voir l'invisible. Combien encore de nos jours ne sont-ils dans le même joug de l'ennemi?

Ils font n'importe quoi dans l'inconscience sans en réaliser l'implication et les conséquences. L'apôtre Paul l'a expérimenté: en persécutant à outrance l'Église, il croyait au fait servir Dieu, mais en réalité il était séduit et un instrument entre les mains du diable par le biais de la religion. Il s'est retrouvé dans un système ou il se sentait contrôlé par une force, et à chaque fois qu'il voulait faire le bien, le mal était attaché à lui et quand il voulait éviter le mal, il se sentait incapable; alors prenant conscience de ce phénomène, il se dit «misérable». Malheureusement, beaucoup encore dans ce monde, même au milieu de croyants se retrouvent dans ces mêmes conditions où ils n'ont pas réellement pas le contrôle total de leurs actes, paroles et pensées à la lumière des écritures. C'est là un vrai challenge pour tout un chacun de nous.

> «Le voleur ne vient que pour voler, égorger et détruire, mais Jésus Christ donne la vie et la vie en abondance... » Jean 10 :10

> «Soumettez-vous donc a Dieu ; resistez au diable, et il fuira loin de vous » Jacques 4 :7

X.

DE LA MALEDICTION A LA BENEDICTION

Il est important de noter que la malédiction n'est pas tout simplement une affaire de l'Ancien Testament, mais elle est aussi présente dans le Nouveau Testament, et même de nos jours. Au fait, elle est un volet qui accompagne notre relation avec Dieu. Depuis que l'homme a péché contre le créateur, ce dernier l'a exposé devant un choix: la vie ou la mort, le bien ou le mal, la bénédiction ou la malédiction. C'est l'homme qui détermine son sort face à la merveilleuse destinée que Dieu lui a préparée. Dans sa justice, Dieu nous promets tous la paix, la grâce, la bénédiction et le bonheur mais il ne veut pas nous les donner par force sinon ce ne serait plus juste. Il nous laisse le libre choix tout en nous faisant voir ce qui est bon pour nous.

Après avoir tué son propre frère par jalousie, malgré l'avertissement de Dieu qui voulait l'épargner du crime, Caïn devait payer le prix de son acte. Et son prix se résumait à quelques simples paroles prononcées par l'Éternel mais qui projetaient des conséquences néfastes affectant l'existence même de Caïn (Gen 4 :10-12). En analysant son sort, Caïn a sûrement compris que vivre dans ces conditions d'errance et de sécheresse telles que décrites par l'Éternel serait suicidaire. Dieu lui a ouvert les yeux pour voir la puissance de la parole déclarée. Dieu à juste prononcé quelques paroles et Caïn les a vues s'accomplir dans sa vie et a pressenti aussi leurs conséquences. Par conséquent il a recouru à la miséricorde de Dieu (Gen 4 :13-14). Et Dieu l'a exaucé en réduisant la peine de son crime. La Bible déclare que l'Éternel mit un signe sur Caïn pour que quiconque le trouverait ne le tue point. Nous voyons Caïn a bien discerné l'implication des paroles de l'Éternel contre lui et il a fait recours à la miséricorde de Dieu, car quiconque invoque le nom du Seigneur trouve grâce.

Cependant, si Caïn qui a d'abord résisté à la voix de l'Éternel qui l'a reproché de sa rancune et amertume avant qu'il ne tue son frère, si lui qui a commis un meurtre contre son propre frère, a trouvé grâce aux yeux du Seigneur et a vu sa peine réduite, vous aussi vous pouvez trouver grâce et obtenir la rédemption et le pardon de vos péchés si vous acceptez Jésus Christ comme Seigneur et Sauveur personnel. Quel que soit votre péché, quel que soit votre situation! Jésus Christ est le même hier, aujourd'hui et éternellement.

En ce qui me concerne, je suis arrivé en Angleterre en Août 2000, Je réussis donc à changer de pays mais je n'y échappai point aux mêmes puissances des ténèbres qui avaient de l'influence sur moi, car je continuais à mener une vie animale: boissons et boites de nuit. Je m'enfonçai profondément dans la boue. En Angleterre, ma vie de péché continuait toujours dans la même direction. Je dois avouer que j'étais un perdant dans toutes ces aventures car j'expérimentai une instabilité totale à tous les niveaux: je m'enfonçai dans des lourdes dettes bien que je percevais un salaire. Je n'avais rien de spécial qu'un homme responsable pouvait posséder. Ma vie révélait le désordre, le surmenage, la dépression, rien d'attirant ou d'impressionnant. Je me surnommai «Thierry le colon». J'étais présent dans chaque fête de la communauté. Grand danseur que je fus, j'étais le premier à ouvrir la piste et le dernier à en sortir. Alors que mon travail commençait à 6h00 du matin pour finir à 18h00, je serais resté la nuit précédente dans les boites de nuit jusqu'à 3h00 du matin et je me réveillais à 5h00 pour me préparer pour aller travailler. Je n'avais que 2 heures de sommeil. Le pire, c'est que les revenues de ce travail dur ne me profitaient à rien. Quelle servitude! Quelle vie d'esclavage! Toute cette vie m'emmenait doucement a la mort. Et c'est juste au moment où le processus de la mort physique s'entamait dans ma vie que le Seigneur me fit grâce en venant encore une fois de plus à mon secours et me délivra. J'étais vraiment perdu dans le péché. Ma vie reflétait les paroles de malédictions qui étaient prononcées sur nous après la mort de mon père quand j'avais dix ans:

> *«Les enfants de Victor seront des irresponsables. Ils ne pourront réussir dans la vie. Ils ne se marieront point; ils deviendront malheureux dans la vie et mourront tous l'un après l'autre».*

Ces paroles avaient en quelques sortes une influence sur nous et nous subissions des conséquences pour des choses dont nous étions des innocents. Mais je rends grâce à Dieu qui est le père des orphelins, qui a apparu dans ma vie pour me rendre justice selon mon droit et selon mon innocence afin que ce cycle de malédiction générationnelle soit brisée. Dieu me fit grâce et me démontra son amour et sa miséricorde en pardonnant tous mes péchés et en me donnant une nouvelle vie, sa vie. C'était en 2003 que le Seigneur m'accorda sa grâce et son salut en me délivrant de ma vie de pécheur. Avant cela le Seigneur envoya d'abord une soeur qui, à l'époque, vivait en Belgique et qui est présentement ma charmante épouse et mère de mes quatre enfants. En effet, la soeur Judith, ma femme, fut l'une de mes deux copines avec qui je sortais à Kinshasa lorsque le diable voulait me détruire par le canal de la femme à l'esprit de Mamie Wata; souvenez-vous j'ai dit plus haut que cette attaque diabolique m'arriva lorsque je sortais avec deux copines: l'autre fut en effet ma femme légitime (à l'époque partenaire occasionnel). Je me donnai corps et âme à la parole et à la prière.

Je commençai à fréquenter une Église de réveil de la place. Je m'attachai de plus en plus à la parole et à la prière. Je me dévouai corps et âme à servir Dieu. Je réalisai le danger à courir une fois rétrogradé. C'est pourquoi je m'attachai tout entier à Dieu. Quelques temps après ma nouvelle naissance, le Seigneur me fit grâce et commença à me révéler beaucoup des choses par des visions et des songes. Un jour je me réveillai très triste, convaincu que quelque chose n'allait pas bien en moi. Je restai ainsi toute la journée. La nuit avant de dormir, je me mis à lire la parole de Dieu. Après avoir lu Jérémie 33:3, je me mis à le méditer et je fis une petite prière par rapport à la déclaration de l'Éternel dans ce verset pour l'éprouver car j'avais vraiment soif de Dieu. Le Seigneur voyant ma détermination et mon dévouement, se laissa trouver par moi car sa parole dit qu'il se manifeste et se laisse trouver par ceux qui le cherchent. Après ma petite prière, alors que je voulais me reposer, voici le Seigneur m'apparut pour me révéler ce qui se passait dans ma vie de pécheur et ce qui s'est réellement passé lors de ma délivrance et nouvelle naissance, et enfin comment Dieu répond à nos prières selon Jr. 33:3. Voici ma prière de foi:

> *«Seigneur, comme tu le dis ici dans Jr. 33:3, je t'invoque maintenant; réponds-moi et montre moi ces choses cachées de ma vie que je ne connais pas».*

A peine les yeux fermés, je vis dans une vision comment je me retrouvai dans une tombe, lié et sous la terre, dans un environnement sec, sombre, calme, faisant peur, où il n'y avait aucun signe de vie. C'était semblable à la description de David dans Psaume 18. Sursautant de cette tombe, je criai à Dieu: *«Seigneur Jésus, où es-tu? Sauve-moi!»*. Le Seigneur me répondit instantanément et m'apparut dans les airs accompagné de deux anges, tous vêtus de blanc. Il me tendit la main de loin et me dit: «*Viens mon fils*». Sur sa parole, je m'envolai de la tombe aux airs pour le rejoindre et il me toucha par la main et me transporta de cet endroit isolé et obscure vers une citée peuplée où Il me déposa et puis il disparut. Cependant toute la nuit, il y eut un homme qui me poursuivait sans m'attraper car je m'échappais toujours à ses pièges. Ceci a au fait été mon parcours dans le Seigneur depuis le jour que j'ai donné ma vie à Jésus Christ (J'en parle en large dans un autre livre).

Après un temps, le Seigneur me revisita pour me donner une mission, qui consiste à aller délivrer et ouvrir les yeux de ses enfants afin qu'ils voient et apprécient l'amour et la miséricorde de Dieu, et surtout comprendre et jouir de la grâce de Dieu qui nous est offerte en Jésus Christ. Il nous envoie aussi rappeler aux païens, aux égarés, aux rétrogradés, aux rejetés, aux exclus de ne pas se réfugier loin de Dieu, mais plutôt à courir aux pieds de Jésus Christ pour obtenir la miséricorde de Dieu et le pardon de leurs péchés.

> «*Il nous a délivrés de la puissance des ténèbres et nous a transportés dans le Royaume de son Fils bien aimé, en qui nous avons la rédemption, le pardon des péchés*» Col. 1:13

Quelques temps après, l'Esprit de Dieu me conduisit à organiser des prières d'intercession avec de frères et soeurs dans nos maisons respectives. J'avais un lourd fardeau pour les âmes perdues, par conséquent je me concentrais dans ce travail d'intercession à laquelle je trouvais réellement plaisir. Ce travail constitua un support réel pour mon église locale Ephrata de Liverpool où je servais le Seigneur comme diacre en ce moment. Ce groupe d'intercession devint fort et eut un grand impact dans notre communauté de Liverpool. Cependant cela créa un double effet: le premier fut une bénédiction pour le peuple de Dieu car le Saint

Esprit commença à nous envoyer dans différentes missions de délivrance auprès du peuple de Dieu de notre communauté de Liverpool.

Le deuxième effet fut celui de la pierre d'échauffement pour ceux qui étaient dans les ténèbres car leurs oeuvres commencèrent à être exposées et détruites. Le Seigneur se manifestait puissamment qu'il s'éleva des combats et persécutions par ci par là contre ce travail, voire même de la part de certains membres de mon église. Je rends grâce à l'Eternel parce qu'après un temps le diable réussit à infiltrer le groupe en s'attaquant aux plus faibles et le groupe s'affaiblit, le feu s'éteignit. Mais le diable oubliait qu'avec notre Dieu, quand une porte se ferme, c'est qu'une deuxième est déjà ouverte. La disparition de ce premier groupe d'intercession n'affecta nullement ma foi ni ma performance dans l'oeuvre du Seigneur. Je continuai à servir Dieu dans mon église locale où mes fruits furent visibles devant Dieu qui me témoignait toujours par différentes voies et devant les hommes tant de l'extérieur que de l'intérieur de l'église. C'est dans la ville de Liverpool, en Angleterre que j'ai enfin sincèrement donné ma vie à Jésus Christ. C'est dans la même ville que ma nouvelle vie en Jésus a commencé à rayonner et répandre son parfum de conversion, si bien que la transformation de ma propre vie fut déjà un message d'évangélisation et une lettre que Dieu envoyait dans le monde: un pécheur qui a été visité par le Seigneur et est devenu un instrument utilisé par Dieu, Wow! Quel miracle! Quelle merveille!

Plusieurs mois après, le Seigneur me ramena encore dans cette même mission d'intercession pour son peuple. Un jour alors que j'étais en visite dans une famille dont le fils cadet fut malade, ma femme me demanda de faire une prière d'ensemble avec eux. Tous les membres de la famille étaient présents. Je saisis l'opportunité, à la demande de ma femme, pour conduire la prière. Comme je priais, la gloire de Dieu descendit et remplit la maison. L'enfant malade fut guéri instantanément, le Saint

Esprit donna le don de prophétie à l'une de leurs soeurs et le Seigneur me confia cette famille pour les encadrer à cause de ses plans pour eux. Dès ce jour je me mis à soutenir cette famille dans la prière et la parole. C'est de la sorte que l'Esprit de Dieu me conduit de nouveau à relancer le groupe d'intercession avec cette famille pour la gloire de Dieu. En effet la gloire de la deuxième maison fut plus grande que celle de la première. Le Seigneur commençait à se manifester beaucoup plus qu'avant.

Nous nous réunissions chaque nuit de 21h à 23h voire minuit et nous passions trois jours de retraite à la fin de chaque mois comme le Seigneur nous l'avait recommandé, cela durant trois ans. Le Seigneur nous visitait chaque jour et l'intimité entre nous et le Seigneur augmenta à tel point que ce rendez-vous prit une place très importante dans la vie de tous les membres du groupe et cela sans contrainte. Je rends grâce à Dieu pour ce privilège car le Seigneur nous révélait plein de mystères dans différents domaines de la vie d'un homme tant dans le spirituel que dans le physique. Ce travail fut réellement une bénédiction pour le peuple de Dieu tant pour ceux de la ville que pour des visiteurs de loin. Nos coeurs furent vraiment dans ce travail à tel point que rien ne pouvait nous séparer de cette tâche. Même au moment des épreuves, rien ne pouvait me séparer de l'amour de Dieu. Je me rappelle comment ma femme et moi ne pouvions pas rester loin de notre engagement à l'égard de cette famille parce que notre première fille n'avait pas de poussette. Le manque de la poussette n'était pas une raison de nous empêcher de nous rendre à la prière.

En effet, ce temps était dur pour nous en ce moment. Nous étions incapables de nous acheter même un bassin pour laver notre première fille. Mais le Seigneur était avec nous et il pensait à nous. Nous préférions emballer notre fille, âgée de quelques mois seulement, dans les couvertures et sortir avec elle dans mes bras et sous le froid pendant l'hiver uniquement pour répondre à la prière d'intercession avec cette famille.

Le Seigneur commençait à nous confier beaucoup des missions de délivrance et il nous envoyait des gens avec différents problèmes afin que nous les assistions. Le Seigneur commença à nous témoigner même dans d'autres villes en dehors de Liverpool. Il nous enseignait chaque nuit, nous donnait de directives et diverses révélations. Une expérience pas comme les autres car il ne se passait pas un jour sans que Le Seigneur ne nous instruise. C'était vraiment de moments merveilleux que nous passions dans la présence du Seigneur. Le Seigneur sella une alliance avec nous et nous montra quoi faire au moment des épreuves, quelle chanson chanter et quoi faire pour conduire une séance de délivrance, comment se réconcilier avec Lui si nous tombions, etc. Voila pourquoi j'ai dit ci-haut que je rends grâce à Dieu d'avoir permis à l'ennemi d'infiltrer le premier groupe, attaquer les plus faibles dans la foi et voir ce groupe se dissoudre.

Nous avons vu la main puissante de Dieu se manifester dans le premier groupe mais Dieu n'a pas seller son alliance avec nous. C'est plutôt dans le deuxième groupe qu'il sella une alliance avec nous. Cette expérience m'a beaucoup aidé dans ma vie chrétienne car j'ai rencontré pas mal de combat, de persécutions de tout genre et des épreuves sans que je ne cède devant l'ennemi. Ces trois ans de permanence dans les prières incessantes, jeunes et retraites ont vraiment constitués une base solide de ma relation avec Dieu. Depuis lors, ma vie n'a plus jamais été la même et je grandis du jour au jour dans la grâce du Seigneur. Aujourd'hui par la grâce de Dieu, le Seigneur m'a établi pasteur sur son peuple. Gloire au Seigneur.

Dieu est merveilleux et cherche des instruments qu'il veut utiliser pour aller dans le monde afin de manifester sa gloire et sa puissance. Car l'évangile ne consiste pas seulement en parole mais aussi à la démonstration de la puissance et de l'Esprit (1 Cor 2 :4). Job dans la

Bible nous dit qu'il avait entendu parler du Seigneur, mais un jour il l'a personnellement vu en oeuvre. Cette parole a beaucoup contribué dans ma vie car moi aussi comme Job j'avais entendu parler du Seigneur par des témoignages d'autres personnes et des prédications des hommes de Dieu. Avant je ne pouvais pas défendre la parole de Dieu au contraire je voyais comme si c'était des aventures. Mais quant le Seigneur m'a fait grâce et m'a délivré des oeuvres des ténèbres, oeuvres dites mortes, aujourd'hui je sais de quoi parlent tous ces hommes de Dieu qui nuit et jour sont derrière les brebis égarées et derrière le Seigneur. Par Sa grâce, j'ai eu à expérimenter son immense amour de sauver ce monde confus. C'est comme Pierre et Jean qui répondaient aux scribes qui les empêchaient de prêcher l'Évangile au nom de Jésus Christ: Ils leur disaient qu'il était impossible pour eux de ne pas parler sur des choses qu'ils ont vues et entendues. Ce que Dieu fait dans notre vie constitue en vérité une force et une arme contre le diable. Quand ce dernier cherchera à nous faire taire, apprenons à nous rappeler des oeuvres d'amour de notre Dieu, cela nous fortifiera et nous permettra à ne jamais lâcher prise car dirions-nous si notre Dieu nous a sauvé dans le passé, il peut encore le faire aujourd'hui et demain.

Souvenons-nous de David qui, devant Goliath, ne s'est pas laissé intimider par la taille de ce dernier tout simplement parce qu'il se souvenait de ce que le Seigneur avait fait pour lui lorsqu'il était en brousse en train de paître les brebis de son père. Il dit: «le Seigneur qui m'avait délivré de la main des ours et des lions me délivrera de la main de cet incirconcis qui insulte l'armée du Tout Puisant». Si David a osé faire face à Goliath, c'est parce qu'il avait déjà vu son Dieu en œuvre lorsqu'il était dans la brousse. En effet, ce que Dieu fait dans nos vies nous aide à nous attacher encore plus à lui. Toute bénédiction de Dieu dans nos vies doit nous rapprocher plus de Dieu que du monde. Si une bénédiction a tendance à nous éloigner du Seigneur, nous devons faire très attention car elle peut ou ne pas être de Dieu, d'où elle n'est plus une bénédiction.

Les bienfaits de Dieu nous permettent aussi d'expérimenter la grandeur de l'amour de Dieu pour nous et cela nous pousse à suivre et à servir le Seigneur. En tant que disciples du Christ nous devons toujours nous poser cette question: pourquoi dois-je servir Dieu? Pourquoi dois-je prier ou aller à une église locale, et si nous avons une réponse à cette question c'est alors que nous saurions comment le faire. Si tu sais définir réellement les bienfaits de L'Éternel dans ta vie, tu es une personne heureuse et lorsque les persécutions et les tentations se présenteront tu sauras y faire face. C'est pourquoi l'Apôtre Paul disait que rien (ni les tribulations, ni la faim, ni les persécutions) ne pouvait le séparer de l'amour de Dieu. Si L'apôtre Paul était arrivé à parler de la sorte, je pense c'est parce qu'il savait ce que le Seigneur avait fait dans sa vie. En quelque sorte rien ne pouvait plus jamais le séparer de l'amour de Dieu à cause de son témoignage. Voilà pourquoi il faut garder jalousement notre témoignage dans le Seigneur ou chercher à en avoir un, car lorsqu'on cherchera à t'égarer, tu resteras accroché à Dieu sans chanceler.

Souvenons-nous de cet aveugle de naissance que le Seigneur avait guéri, lorsqu'on lui posait la question et l'interdisait de dire que c'était Jésus qui l'avait guéri, il ne pouvait pas se taire et répondait: «... *je sais une chose, c'est que j'étais aveugle et que maintenant je vois*» Jean 9 :25 Si tu ne sais pas ou si tu n'as pas encore expérimenté l'amour de Dieu dans ta vie, demande Lui de le faire car sa grâce est disponible pour tous ceux qui croient en lui.

XI.

DELIVRE POUR SERVIR

Depuis la chute de l'homme dans le jardin d'Éden due à sa désobéissance aux instructions de Dieu, le péché a affecté la nature humaine engendrant ainsi la mort et la malédiction qui affecte la vie des hommes jusqu'à les rendre malheureux et vulnérables. En effet, après la création de l'homme, Dieu prit l'homme et le plaça dans le jardin d'Éden pour le cultiver et le garder; ce qui sous-entend que Dieu a demandé à l'homme de mettre en valeur le jardin, de faire ressortir le meilleur de ce qui était enfouie dans le jardin, ce qui nécessitait un travail. Dieu voulait que l'homme soit courageux et travailleur, il voulait que l'homme créé à son image et à sa ressemblance le serve en transformant le jardin en un endroit plus meilleur que son état initial. Nous voyons déjà que dès le début, Dieu voulait que l'homme le serve selon Sa volonté, suivant un certain nombre d'instructions spécifiques. Aujourd'hui encore, Dieu veut que chacun de nous le serve selon Sa volonté, dans un domaine spécifique et suivant des instructions spécifiques pour sa gloire.

> «*Tu pourras manger de tous les arbres du jardin: mais tu ne mangeras pas de l'arbre de la connaissance du bien et du mal, car le jour où tu en mangeras, tu mourras certainement*». Gen. 2:15-17

Mais le diable vint séduire la femme, Eve, qui à son tour convint son mari Adam à manger le fruit qui leur était interdit de manger. Par ce geste de désobéissance, ils activèrent la mort et autres conséquences dans leur vie et dans celle de leur descendance. Depuis lors, la race humaine a été captive du péché et victime de la malédiction et de ses conséquences qui ont affectées l'humanité d'une façon tragique, la rendant captive d'un certain nombre des oeuvres parmi lesquelles nous citons la pauvreté et ses dérivés, la maladie et ses dérivés, la stérilité et ses dérivés, ainsi que la mort spirituelle séparant l'homme de la présence de Dieu (Deut 28:15).

Il est important de comprendre que vivre sous ces malédictions était tout un calvaire car elles affectent la vie de l'homme jusqu'à la troisième et quatrième génération. Elles empêchent l'homme de servir son créateur d'une façon effective. Il en était de même de la désobéissance de l'homme à l'ordre de Dieu dans le jardin d'Éden, ce qui a fait qu'Adam et Eve furent expulsés de leur poste de travail et de la présence de Dieu. Servir Dieu est un privilège et un honneur, mais c'est aussi tout une responsabilité qu'il faut assumer, c'est aussi tout un sacrifice qu'il faut payer. L'Éternel est un Dieu des principes et lorsque ces derniers ne sont pas respectés, les conséquences s'en suivent. Le prophète Isaïe nous révèle une vérité capitale concernant l'état de la perdition de l'humanité:

> *«Voici, les ténèbres couvrent la terre, et l'obscurité les peuples…*
> *». Es. 60:2a*

Un jour, dans l'exercice de son ministère déjà difficile, le prophète Jérémie commença à se questionner sur ce qui empêchait son peuple d'obéir et de rester fidèle au seul et unique Dieu, leur Dieu, le Dieu de leurs ancêtres Abraham, Isaac et Jacob. Dans sa démarche, Dieu lui révéla une information vitale sur la source des souffrances de son peuple qu'il servait:

*«Nos pères ont péché, ils ne sont plus. Et c'est nous qui portons
la peine de leurs iniquités». Lam 5:7*

L'apôtre Paul, à son tour sous la Nouvelle Alliance et par l'inspiration du Saint Esprit nous confirme encore ce que le prophète Isaïe a révélé et il nous dit que tous ont péché et sont privés de la gloire de Dieu. De ceci nous pouvons voir que le monde entier, à cause du péché s'est attiré la malédiction et est tombé sous l'emprise du diable, d'où l'humanité avait et a toujours besoin de la délivrance. Mais parce que Dieu ne se repent pas de ses dons ni de son appel, il tient toujours à ce que l'homme qu'il a créé puisse le servir comme initialement planifié. C'est pourquoi, il est toujours derrière l'homme pour lui faire du bien, pour le délivrer afin que ce dernier le serve.

En d'autres termes, c'est pour le servir que Dieu nous délivre. Aucune situation ne peut rester insolvable, aucun problème ne peut rester sans solution devant le maître de l'univers; il n'y a aucun endroit, aucune prison, aucun refuge sous le soleil que l'Éternel Dieu ne puisse accéder pour faire sortir une personne. Il est le Dieu omniprésent, omnipotent et omniscient. Il fait ce qu'il veut et personne ne peut le contester.

*«Où irais-je loin de ton Esprit, et où fuirais-je loin de ta face?
Si je monte aux cieux, tu es là ; si je me couche au séjour
des morts, te voilà. Si je prends les ailes de l'aurore, et j'aille
habiter à l'extrémité de la mer, là aussi ta main me conduira
et ta droite me saisira. Si je dis: au moins les ténèbres me
couvriront, la nuit devient lumière autour de moi; même les
ténèbres ne sont pas obscures pour toi, la nuit brille comme le
jour, et les ténèbres comme la lumière» Ps 139:7*

Personne ne peut se cacher devant l'Éternel. Avant que les montagnes ne soient nées et la terre et le monde furent créés, il est Dieu. Il est celui qui fait rentrer les hommes dans la poussière. Mille ans sont à ses yeux comme un jour, et un jour comme mille ans. Il est important de prendre conscience que rien et nul n'échappe au contrôle de Dieu. Il est le véritable et l'unique Dieu qui fait disparaître les dieux qui n'ont point fait les cieux et la terre. Face à la perdition de l'homme et à l'incapacité de ce dernier de se sauver du règne des ténèbres, alors le Dieu créateur, le maître de l'univers, à cause de son amour pour l'homme qu'il a créé, se décida de se faire homme, il porta la chair humaine et le nom d'Emmanuel, qui signifie Dieu parmi nous, et il vint pour sauver l'humanité. Et c'est cet Emmanuel qui est aussi appelé Jésus Christ de Nazareth, la Parole de Dieu, le Fils du Très Haut et Dieu.

> *«Au commencement était la Parole et la parole était avec Dieu*
> *et la parole était Dieu». Jn 11*

Jésus est au fait Dieu venu en chair parmi les humains il y a de cela plus de 2000 ans. Il était venu dans ce monde des pécheurs, né d'une vierge appelée Marie, il a vécu comme tout autre personne, seulement qu'il n'a point commis un seul péché comme tout le monde. Il fut mis à mort injustement, mais cela pour toi et moi, afin que par sa mort, nous ayons la vie et la vie en abondance une fois que nous croyons qu'il est mort pour nos péchés et que Dieu le père l'a ressuscité des morts le troisième jour. Accepter sincèrement et librement cette vérité constitue la clé de notre délivrance et salut. Au fait il y a échange de verdict. Le salaire du péché c'est la mort, et la récompense de l'innocence c'est la vie. A cause de nos péchés, nous devrions mourir et à cause de son innocence, Jésus avait droit à la vie. Mais il nous a précédés et s'est donné lui-même en rançon pour nous sauver de la perdition. Lui qui n'avait jamais commis de péché a accepté de mourir pour nous les pécheurs afin que nous qui avions commis des péchés, puissions vivre pour lui. Et la seule façon de recevoir son verdict ou sa justification, c'est quand nous confessons de nos bouches le Seigneur Jésus tout en croyant dans nos coeurs que Dieu l'a ressuscité des morts. Nous comprenons vite que la venue de Jésus dans ce monde avait comme but de sauver l'humanité de l'emprise du diable, du péché, des malédictions et condamnations et de la mort.

Ceci nous montre déjà que dès notre première rencontre avec Jésus, Dieu nous fait déjà du bien en nous délivrant du règne des ténèbres, règne de confusion et des pleurs, règne de la servitude et de la pauvreté, règne de la maladie et de la mort pour nous emmener sous son règne, règne de lumière et de révélation, règne de puissance et de victoire, règne de liberté et de prospérité, règne de vie en abondance, où en Jésus Christ, nous avons la rédemption et le pardon de nos péchés. Wow! N'est-ce pas que c'est merveilleux de voir qu'une personne qui, hier était sous l'emprise du diable, de la sorcellerie, du crime, de la sexualité, de l'alcool, être affranchie et devenir une nouvelle créature et vivant une vie normale et en toute liberté. Seul Jésus Christ peut accomplir ceci dans nos vies. Il est au fait la solution à tous les problèmes de l'humanité et c'est la raison pour laquelle il était venu mourir à la croix pour nous.

> *«Si donc le Fils vous affranchit, vous serez réellement libre ».*
> *Jean 8 :36*

En plus, une fois délivré et sauvé, le Seigneur ne nous abandonne pas à nous même, mais il s'engage à nous équiper pour nous permettre de le servir comme ses ambassadeurs ici sur la terre. Au fait, il vient habiter en nous par son Esprit qui nous conduit dans toute la vérité, dans la puissance et dans la révélation. Son Esprit nous équipe en vue de l'oeuvre des ministères selon les capacités qu'il offre à chacun de nous, et dans ceci il ne fait point de favoritisme. De la même façon qu'il peut délivrer un religieux et criminel comme Saul devenu Paul pour le transformer à un grand apôtre de l'Évangile du Seigneur, de la même façon il peut le faire encore aujourd'hui avec une prostituée qu'il peut transformer à un évangéliste. De la même façon qu'il a appelé un simple pécheur comme Pierre pour le transformer à un grand apôtre, de la même façon aujourd'hui encore il peut ramasser un orphelin abandonné et maudit pour le transformer à un grand prédicateur de la parole de Dieu.

Tout ce qu'il attend de nous après l'avoir accepté comme Seigneur et Sauveur, c'est notre sanctification qui lui permettra de demeurer et de se manifester en nous; notre consécration et confiance qui lui permettra d'accomplir son oeuvre dans nos vies et d'aplanir nos chemins tortueux. Si nous l'acceptons sincèrement dans nos vies comme Seigneur et Sauveur, après avoir réalisé le besoin réel d'un sauveur de nos vies, si nous nous engageons à marcher dans la sanctification et si nous nous décidons à lui faire confiance et le reconnaître dans toutes nos voies, alors la déclaration d'Isaïe et de Paul prendront une autre forme.

> *«Voici, les ténèbres couvrent la terre, et l'obscurité les peuples, mais sur toi l'Éternel se lève, sur toi sa gloire apparaît». Es. 60:2*

Le Seigneur nous garantit tout simplement que quand tout le monde autour de nous sera dans la confusion, dans le doute, dans l'insécurité, dans la peur, dans la détresse; son peuple, ceux qui ont reçu son fils Jésus Christ dans leur vies seront toujours dans la sécurité, dans la paix, sous sa protection; s'ils traversent des épreuves, il ne seront jamais seuls car Dieu lui-même sera avec eux; s'ils traversent le feu, ils ne seront jamais consumés car le Seigneur lui-même qui est le feu dévorant va étouffer tout petit feu les intimidant; Aucun malheur ne leur arrive et aucun fléau n'approche leur tente à cause de ses anges qui les arrachent et gardent du danger.

L'apôtre Paul dit aux chrétiens de Rome:

> *«Car tous ont péché et sont prives de la gloire de Dieu, et ils sont gratuitement justifiés par sa grâce, par le moyen de la rédemption qui est en Jésus Christ». Rom 3:23-24*

C'est donc Jésus Christ de Nazareth, le Fils de Dieu vivant, seul lui qui peut apporter la lumière dans nos vies car il est la lumière du monde. Partout où cette lumière luit, les ténèbres disparaissent, la situation change, le péché est pardonné, les liens démoniaques sont brises, les malédictions, jougs et mauvais sorts du monde des ténèbres sont révoqués et brisés. Cependant il est important de réaliser que c'est pour servir l'Éternel que Dieu nous délivre.

> *«Tu diras à Pharaon. Ainsi parle l'Éternel: Israël est mon fils, mon premier-né. Je te dis: Laisse aller mon fils, pour qu'il me serve... ». Exode 4:22-23*

XII.

LE JOUR APPROCHE...

Aujourd'hui, nous voyons la confusion, la désolation, la déception et la détresse au milieu des enfants de Dieu et dans le monde. A cause de la négligence, l'irresponsabilité, de l'incrédulité et le manque de confiance à Dieu de la part de certains enfants de Dieu. Les églises locales n'inspirent plus aucune confiance dans certaines communautés où nous voyons maintenant l'hérésie ravager le peuple de Dieu sans que des hommes de Dieu se lèvent pour annoncer la bonne nouvelle de Jésus Christ. C'est comme si l'église a perdu de l'autorité et la puissance. C'est semblable aux disciples après la mort du Seigneur Jésus Christ. A cause de la peur et par manque d'autorité et de puissance, ils se réfugièrent dans la chambre haute loin des accusateurs et adversaires de leur maître Jésus Christ. Ils ne pouvaient point faire face au monde, ils étaient terrorisés et sans soutien. Mais cette situation ne dura pas tout le reste de leur vie car aucune situation n'est permanente. Tout changea le jour de la visitation du Seigneur Jésus ressuscité dans la chambre haute où ils reçurent le Saint Esprit et la paix du Seigneur, et ensuite le jour de la pentecôte où ils récurent la puissance d'en haut et furent baptisés du Saint Esprit.

Il en est de même aujourd'hui avec certaines églises locales qui dorment encore et qui sont devenues comme des centres de réfugiés et des crèches.

Au lieu de former et préparer des disciples pour le combat de la foi pour la gloire de Dieu, on transforme des âmes de Dieu en fanatiques, en propriétés privés. Au lieu de s'occuper de ce qui est essentiel et de la mission du Seigneur qui les a appelés, certains ne pensent qu'à leurs ministères, leurs dons, leurs ventres et leur renommée; alors que la persécution s'accentue, l'hérésie s'accroît du jour au jour, l'apparition de l'homme impie commence à se manifester visiblement, certaines églises locales restent encore terrorisées et choisissent de masquer la vérité ou encore de tourner le dos face à l'oppression de l'ennemi.

Tout cela écoeure le Seigneur quand Dieu voit combien son peuple est incapable de résister à l'ennemi, pire encore quand il refuse de jouir de ce que son Fils Unique Jésus Christ a sécurisé pour lui (son peuple) en mourant sur la croix pour toute l'humanité. En effet, refuser de jouir de cette gloire que Jésus Christ nous a donnée gratuitement est une insulte à la personne de Dieu. Pourtant, c'est ce qui se passe avec plusieurs enfants et serviteurs de Dieu qui ont préféré courir derrière le cadeau empoisonné du diable que sont les convoitises de ce monde et de la chair, le succès éphémère, l'honneur, le luxe, etc.

Un jour, le Seigneur me visita encore pour me montrer l'image de la réalité de plusieurs enfants de Dieu. L'Esprit du Seigneur m'emmena dans une cité presque inhabitée, abandonnée, une cité presque morte. Néanmoins dans cette cité il y avait une piscine dont les eaux étaient limpides, propres et rayonnant de gloire. Alors je posai la question à la personne qui me faisait visiter la cité: «où est donc tout le monde»? Et une voix me répondit en se plaignant: «Voilà ce qu'est devenue ma maison; ceux que j'ai choisi m'ont abandonné. Ils ont préféré la gloire du monde à la mienne. Regarde comment cette eau rayonne de gloire qui augmente du jour au jour et il n'y a personne pour la prendre... Voilà comment ma gloire est foulée aux pieds... ».

L'Éternel notre Dieu n'est pas un Dieu limité et ses réserves ne sont à jamais épuisées. Un jour, alors qu'on voulait faire taire la foule qui se réjouissait en poussant des cris de joie en honneur de Jésus lors de son entrée à Jérusalem, le Seigneur Jésus déclara qu'il était prêt à susciter des pierres qui crieraient pour la gloire de Dieu. En effet, Dieu utilise les humains pour accomplir sa volonté. Mais cela ne veut pas dire qu'une personne est indispensable devant Dieu. Personne ne peut changer ou ajouter quelque chose à la nature de Dieu. C'est Dieu qui nous choisit le premier et personne ne peut aller à Jésus si le père ne l'a pas attiré. D'où cessons de nous enorgueillir pour penser que sans toi et moi, Dieu serait incapable d'accomplir sa volonté, car beaucoup et surtout des serviteurs de Dieu dans certaines communautés sont tombés dans ce piège comme le pensait Élie, le prophète.

C'est pourquoi Dieu a oint une nouvelle génération des serviteurs qui va le glorifier sans compromettre avec le prince de ce monde. Une grâce particulière est accordée à une nouvelle génération des serviteurs, ceux qui se croyaient étrangers et indignes de servir ou de s'approcher de Dieu. Mais le Seigneur leur dit:

> *«… Je vous donnerai une place et un nom dans ma maison et dans mes murs, une place et un nom préférable à des fils et à des filles; un nom éternel, qui ne périra pas…. Es. 56:4-7*

Dieu est amour et veut sauver tout le monde à l'exception du diable et ses démons. Voila c'est ce que nous devons comprendre. Dieu n'est pas un méchant qui se tient avec une chicotte prêt à punir ou châtier toute personne qui pèche ou prêt à envoyer la maladie ou à faire périr toute personne qui lui désobéit. Non, c'est une mauvaise image de l'Éternel que le monde a. Dieu est amour et comme l'apôtre Paul nous le révèle dans 1 Cor 13:4-7, nous comprenons que Dieu qui est amour, est patient envers les pécheurs. L'apôtre Paul qui persécutait à outrance l'église, lui qui a signé la mort d'Étienne, l'a expérimenté. Moi qui ai commis tant d'abominations aux yeux de l'Éternel, je l'ai aussi expérimenté. Dieu ne veut pas la mort de ceux qui meurent, Dieu ne veut pas que les méchants restent dans la méchanceté, ni les impudiques dans l'impudicité, ni les criminels dans les crimes, ni les débauchés dans la débauche, mais au contraire il veut les délivrer et les sauver. Il a besoin d'eux car il est leur créateur. D'où il demande à tout son peuple, ceux qui lui appartiennent, ceux qui l'aiment, ceux qui sont ses enfants et disciples de Jésus Christ de comprendre sa volonté et de s'y mettre corps et âme afin à glorifier leur maître; c'est alors que leur rémunération sera grande comme nous l'a démontré le Seigneur Jésus Christ qui, étant venu dans ce monde en mission, n'a fait rien d'autre que la volonté du Père et va maintenant réclamer sa rémunération (Jean 17). Ceci est un exemple palpable de la responsabilité qu'a tout enfant de Dieu.

Malheureusement, nous voyons des enfants de Dieu qui, par leur attitude et leurs oeuvres, empêchent l'accomplissement du plan divin pour les pécheurs, et certains vont même plus loin pour s'établir eux-mêmes juges des pécheurs, les voyant déjà en enfer alors que Jésus Christ lui-même a dit qu'il n'était pas venu pour juger le monde, mais il était plutôt venu afin que le monde soit sauvé par lui. Veuillons respecter l'agenda de Dieu: chaque chose a son temps. Le jugement viendra, Jésus Christ revient bientôt, l'enlèvement aura lieu, mais pour le moment Dieu veut que sa maison soit remplie, Dieu veut que les impudiques, les meurtriers, les idolâtres, les cupides, les menteurs, les manipulateurs, les prostituées, les obsédés sexuels soient délivrés et sauvés.

Il est important de nous rappeler de notre devoir et responsabilité envers Dieu notre créateur et son fils Jésus notre Seigneur: Jésus Christ ne nous a pas sauvé pour que nous croisions nos bras, chantant Alléluia chaque minute jusqu'à son retour; sinon il nous emporterait immédiatement juste après notre nouvelle naissance c'est-à-dire, juste après que nous l'ayons accepté comme Seigneur et Sauveur personnel. Mais s'il nous a sauvé ou s'il va te sauver et te laisser encore pour un temps ici bas, dans ce monde corrompu, c'est pour que toi et moi nous puissions accomplir sa volonté et notre mission. Notre rémunération dépendra du compte à rendre de notre service. C'est la responsabilité de tout enfant de Dieu de chercher d'abord à connaître sa raison d'existence, sinon on risque de vivre comme un animal en se consolant d'être enfant de Dieu.

XIII.

UN VASE D'HONNEUR
AU SERVICE DU ROI

La bénédiction de Dieu ne se limite pas tout simplement au niveau individuel car Dieu donne toujours au delà de ce que nous lui demandons. Salomon a demandé à Dieu la sagesse pour diriger son peuple, mais au delà de la sagesse Dieu lui a ajouté une richesse incroyable. Quand Dieu a appelé Abraham, il ne lui a pas dit qu'il le bénira tout simplement, mais plutôt il ferra de lui une source des bénédictions et que les nations seront bénies ou maudites par lui Abraham. Cela nous fait comprendre que tout enfant de Dieu est appelé à devenir une source de bénédiction pour les autres car nous avons été appelés à posséder la bénédiction d'Abraham en Jésus Christ selon Galates 3:13. La Bible nous dit qu'Il y a une grande joie à donner qu'à recevoir. C'est un principe que Dieu lui-même a initié en donnant son fils unique pour recevoir une famille.

> «Dieu a tant aimé le monde qu'il a donné son fils unique Jésus afin que quiconque croit en lui ne périsse point mais qu'il ait la vie éternelle» Jean 3:16

En effet, c'est une grande joie d'être une bénédiction pour les autres. Je suis reconnaissant envers Dieu le Père pour son amour qu'il m'a témoigné en me délivrant de la malédiction générationnelle pour faire de moi un instrument de bénédiction en Jésus Christ pour son peuple.

BENEDICTION POUR MES FRERES ET SOEURS

Je rends grâce à Dieu de m'avoir utilisé pour être une bénédiction pour mes frères et soeurs qui ont vu la main de Dieu au travers de ce groupe d'intercession que le Seigneur a permis que je dirige pendant plusieurs années comme je l'ai dit ci-haut. En effet, beaucoup des enfants de Dieu, même des différentes assemblées locales ont expérimenté la puissance de Dieu au travers de ce travail. Je rends encore grâce à Dieu qui m'a beaucoup utilisé pour assister son peuple dans la ville de Liverpool dans leur demande de nationalité et des passeports britanniques.

BENEDICTION POUR MON EGLISE LOCALE

Je rends grâce à Dieu qui m'a ramassé de la boue et de la débauche pour faire de moi son fils et serviteur dans son église locale Ephrata de Liverpool ou j'ai servi le Seigneur pendant plusieurs années dans différents services tels que le protocole, la chorale, la trésorerie et finance, l'intercession, le diaconat, la modération, la prédication et la coordination de l'église.

BENEDICTION POUR LA COMMUNAUTE INTERNATIONALE DE KENSINGTON A LIVERPOOL

Je rends grâce à Dieu qui a fait de moi un instrument de joie et de l'unité dans la communauté de Kensington à Liverpool pour promouvoir la diversité, la tolérance, le multiculturalisme et le respect entre des personnes des différentes nationalités au travers des différentes activités socioculturelles telles que Kensington International Food Festival et autres dont je fus le coordinateur principal. En effet, ces activités consistaient à briser des barrières culturelles en vue de créer une société multiculturelle ou tout le monde est respecté et considéré pour ce qu'il vaut sans distinction de race, origine, sexe, etc.

UNE SEMENCE DE £40.00 POUR RECUPERER UNE MAISON

Un jour, alors que je conduisais la prière d'intercession dans la maison d'une de nos soeurs de l'église, l'Esprit de Dieu donna une instruction a une soeur qui à la fin de la prière s'esquiva vite pour aller chez elle et revenir avec une enveloppe qu'elle me donna en disant: «pasteur, quand nous étions en train d'adorer le Seigneur, l'Esprit Saint m'a dit de vous bénir avec £ 40.00; c'est pourquoi à la fin de la prière j'ai couru pour aller le chercher. Le voila. J'ai juste pris la semence et j'ai prié pour la soeur. Deux semaines plus tard toujours dans la même session d'intercession, la soeur demanda la parole à la fin de la prière pour partager avec nous ce que le Seigneur avait fait dans leur foyer avec son mari, et c'est là qu'elle nous dira que c'est au travers de sa semence de £ 40.00 que Dieu a combattu pour elle et son mari pour leur restituer leur maison qu'ils étaient en train de perdre au tribunal en Afrique. Gloire au Seigneur!

UNE SEMENCE POUR RECEVOIR UNE VISITATION ANGELIQUE

Ceci est un témoignage d'une autre soeur de notre église qui avait des difficultés pour concevoir ou avoir un enfant. Chaque fois qu'elle tombait enceinte, elle finissait toujours par faire une fausse couche et cela à plusieurs reprises. Après un temps de prières, elle eut un songe et dans son songe, elle vit un homme qui se tenait devant elle tenant dans ses mains deux bébés, et l'homme lui dit: «va voir mon serviteur Thierry et je te donnerai ce que ton coeur désire». La soeur négligea la révélation. Quelques jours après, elle reçoit encore la même révélation et l'homme insistait toujours. Cette fois là elle se dit qu'elle ne pouvait pas aller voir l'homme de Dieu les mains vides et elle décida d'attendre jusqu'à ce qu'elle aurait quelque chose à apporter à l'homme de Dieu. Un jour après, elle reçut encore le même songe, cependant a cette occasion l'homme qui lui parlait et qui avait les deux bébés dans ses mains, lui dit en s'en allant avec les bébés: «Parce que tu as résisté à ma voix, voici je rentre avec ta bénédiction». Elle se réveilla en pleurant et partagea son songe avec son mari. Elle n'avait rien, mais elle décida de prendre un habit nouveau qu'elle avait acheté pour sa fille et vint me voir chez moi à la maison. Je la reçus dans mon salon et elle commença à me raconter ses songes répétitifs et me dit: «pasteur, s'il vous plaît.

Je n'ai rien pour le moment, mais je me suis dit je vais venir vous voir ne fut-ce avec cet habit qui pourra servir à votre fille Christelle, dans le souci de ne plus résister à la voix que j'entendais». Je l'exhortai d'être sensible et de demander assistance dans l'avenir surtout avec des songes répétitifs. A la fin, je priai pour elle. Quelques temps après, la soeur devint enceinte et enfanta un fils. Gloire à l'Éternel.

BENEDICTION POUR LE CORPS DU CHRIST

Après avoir servi fidèlement l'Éternel mon Dieu dans mon église locale dans la ville de Liverpool, l'Éternel m'a enfin établi pasteur sur son peuple dans l'église Bethléem La Cite des Héros où je suis par la grâce de Dieu le président.

LES HOMMES ONT MAUDIT, L'ETERNEL A BENI

Gloire soit rendu à l'Éternel mon Dieu et à mon Seigneur Jésus Christ qui a brisé le cycle de la malédiction générationnelle dans ma vie pour faire de moi une source de bénédiction pour plusieurs. Là ou les hommes ont maudit, l'Éternel a béni; là ou les hommes s'attendaient à mon échec, l'Éternel a donné la victoire; là ou les hommes s'attendaient à ma mort, l'Éternel a donné la vie en abondance; Il a donné la stabilité, là ou les hommes souhaitaient l'errance et le vagabondage; Dieu a donné une jolie femme et quatre merveilleux enfants là où les hommes s'attendaient à l'irresponsabilité et à la stérilité. Ils ont projeté du mal contre moi, mais l'Éternel les a rendus impuissants. Ils ont creusé des trous sur mon chemin, ils y sont tombés eux-mêmes. De tous les mauvais sorts jetés contre moi et ma famille, la majorité s'est retournée contre ceux qui les ont jetés sur nous: certains sont morts quelques années après la mort de mon père, d'autres ont perdus leurs enfants; d'autres encore se sont retrouvés miraculeusement frappés.

> *«Christ nous racheté de la malédiction de la loi afin que la bénédiction d'Abraham ait son accomplissement dans nos vies et que nous obtenions par la foi l'Esprit qui nous a été promis».*
> *Gal 3:13*

XIV.

CONCLUSION

De toute mon expérience dans ce chemin de la mort où j'ai goutté à la religion, au monde, à la vie des féticheurs, à l'abondance et à la disette, aux sectes et maintenant au Christianisme, je le dis hautement et avec force qu'en dehors de Jésus Christ il n'y a ni vie, ni salut, ni espérance ni vie éternelle. SEUL JESUS CHRIST SAUVE ET APPORTE UNE TRANSFORMATION REELLE DANS LA VIE D'UN HOMME. Par conséquent:

1. Ne prenons pas en compte les déceptions des hommes de ce monde, du système de ce monde ou de la religion pour nous venger contre Dieu ou nous enfuir loin du Seigneur qui ne veut que nous faire du bien. L'homme est faillible et Dieu ne l'est pas. L'homme est limité dans toutes ses voies, mais Dieu est amour et son règne n'a pas de fin. C'est Lui qui nous a aimés d'un amour sincère et pur. Fixons beaucoup plus nos regards vers Lui que vers l'homme de ce monde, et nous aurons une vie paisible et tranquille. Le monde n'est pas un refuge pour nous, mais c'est plutôt Jésus Christ qui est notre défenseur final.

2. N'abandonnons pas nos assemblées à cause des problèmes et déceptions des hommes, car l'Église appartient à Jésus Christ, pas à ces hommes qui de fois peuvent être nos occasions de chute.

Laissons leurs sorts entre les mains de Dieu lui-même. Quant à nous, discernons tout simplement ou aller, qui suivre, avec qui marcher ou travailler ensemble et le reste c'est l'affaire de Dieu. N'oublions pas, c'est notre foi qui est la cible du diable qui ne veut pas que nous écoutions la parole de Dieu qui engendre la foi dans nos coeurs afin que nous ne croyions pas et que nous ne soyons pas sauvés. D'où il ferra de son mieux pour toucher les dispensateurs des grâces divines, des prédicateurs, des enseignants afin que nous n'ayons plus confiance en eux ni à ce qu'ils enseignent. Je m'adresse aussi aux prédicateurs et enseignants qui doivent réaliser la lourde responsabilité qu'ils ont à assumer et le faire convenablement avec amour, soumission et obéissance à Dieu et à son Esprit pour éviter de courir le risque de participer ou soutenir le plan du diable contre la mission de leur propre maître qui les a appelés.

3. Ne soyons pas pressés à juger ou à condamner les autres, mais au contraire prions et intercédons beaucoup plus pour eux afin que Dieu leur accorde sa miséricorde, car l'Éternel notre Dieu n'a jamais été pressé à nous condamner sinon personne ne vivrait. Le Seigneur Jésus Christ lui aussi n'est pas pressé à nous condamner sinon il ne se placerait pas à la droite du Père pour intercéder pour nous.

4. N'ayons pas honte ou peur de témoigner Jésus Christ notre Seigneur et Sauveur, si nous l'aimons, nous allons témoigner son amour, sa grâce et sa miséricorde dans le monde, aux pécheurs, aux meurtriers, aux prostituées, aux impudiques, aux voleurs, aux débauchés et autres car si un homme comme moi j'ai finalement trouvé la vérité et être affranchi, c'est parce qu'on m'a prêché Jésus Christ.

5. Le Seigneur Jésus Christ a donné comme signe pour ses disciples: l'Amour. Efforçons-nous à marcher selon ses instructions et

révélons-le au monde car c'est l'une des raisons pour lesquelles il nous donne la vie éternelle qui est «Sa connaissance et celle du Père».

Un mot d'encouragement

Dieu est amour. Si tu te retrouves dans les mêmes conditions que celles que j'ai traversées et cela te font vivre dans la peur et frustration te rappelant ce qui a été prononcé sur toi par tes parents, oncles, partenaires, pasteurs et hommes religieux, qui que ce soit, si tu te sens condamné, que cela soit à tort ou à raison, sache qu'il n'y a pas de sens que tu déprimes.

Aussi, tu n'es pas obligé de subir les effets de ces paroles car il y a une personne qui l'a subi à ta place, une personne qui veut changer ces paroles en bénédictions parce qu'il en a le pouvoir et l'autorité, et cette personne est Jésus christ, le Fils du Dieu vivant. Il invite tout le monde qui est fatigué et chargé d'aller à lui et il leur donnera du repos. Il l'a fait pour moi et ma famille, et il veut encore le faire pour toi aujourd'hui. N'endurcis pas ton cœur mon frère, ma soeur. Donne à Jésus Christ une chance de te faire du bien aujourd'hui, il veut le faire et cela gratuitement parce qu'il t'aime.

Prière pour recevoir le Seigneur Jésus Christ:

«Père Céleste, Dieu miséricordieux, je te rends grâce pour ton amour et pour ton fils unique Jésus Christ. Après avoir conduit ma vie seul jusque maintenant, je réalise maintenant que j'ai besoin d'un Sauveur. Je crois dans mon cœur et je confesse de ma bouche que ton Fils Jésus Christ est mort sur la croix pour mes péchés et que Dieu l'a ressuscité des morts le 3e jour. Aujourd'hui j'ouvre mon cœur pour accepter ton Fils Jésus comme mon Seigneur et Sauveur personnel. Seigneur Jésus, je t'invite dans ma vie : Viens Seigneur et sauve-moi. Pardonne tous mes péchés et purifie-moi de toutes mes iniquités par ton sang. Je renonce au diable, au monde et au mal. Envoie-moi

*ton Esprit-Saint afin qu'il me guide et me conduise désormais. Je reçois ton pardon et je confesse que je suis «NEE DE NOUVEAU», DESORMAIS JE T'APPARTIENS POUR L'ETERNITE. **Le diable n'a donc plus de pouvoir sur moi car je suis TON ENFANT.** Merci Seigneur pour le Salut en Jésus Christ et merci pour le Saint Esprit». Amen*

CPSIA information can be obtained at www.ICGtesting.com
Printed in the USA
BVOW04s1415280314

349104BV00001B/114/P